酒店服务与管理专业基于工作过程系统化系列教材

编委会

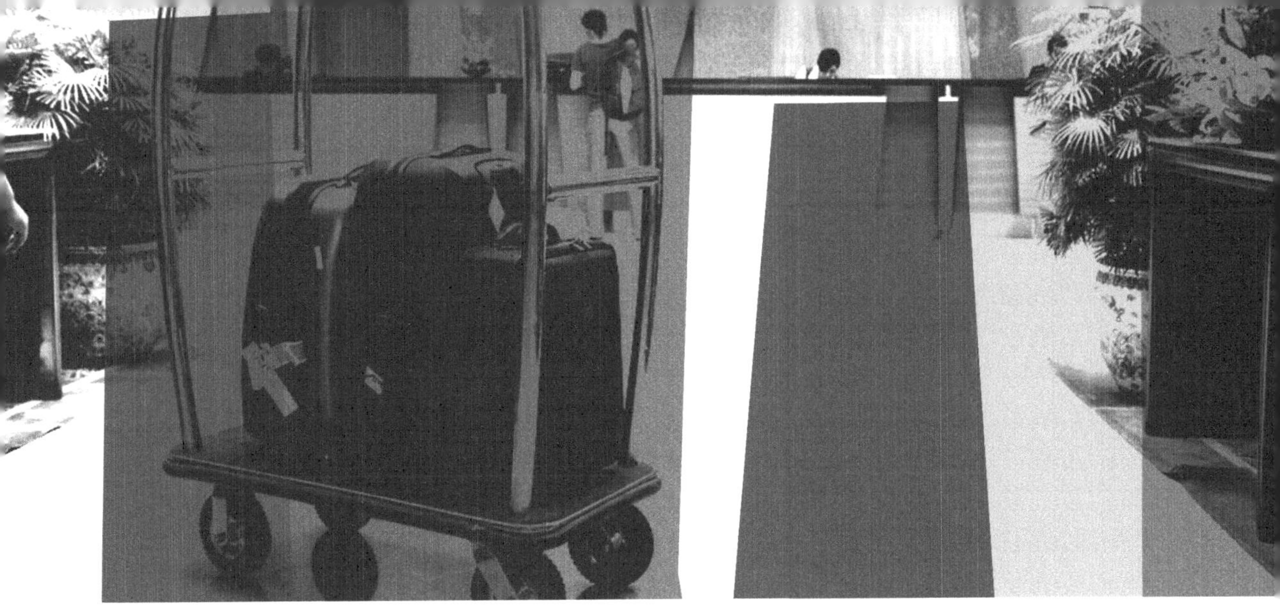

Hotel Service Etiquette

酒店服务礼仪

主编　谢玉莲

暨南大學出版社
JINAN UNIVERSITY PRESS

中国·广州

图书在版编目（CIP）数据

酒店服务礼仪/谢玉莲主编．—广州：暨南大学出版社，2014.5（2026.1 重印）
（酒店服务与管理专业基于工作过程系统化系列教材）
ISBN 978－7－5668－0922－3

Ⅰ.①酒…　Ⅱ.①谢…　Ⅲ.①酒店—商业服务—礼仪—教材　Ⅳ.①F719.2

中国版本图书馆 CIP 数据核字(2014)第 023646 号

酒店服务礼仪
JIUDIAN FUWU LIYI
主　编：谢玉莲

出 版 人： 阳　翼
责任编辑： 曾鑫华　刘碧坚
责任校对： 周优绚
责任印制： 周一丹　郑玉婷

出版发行： 暨南大学出版社（511434）
电　　话： 总编室（8620）31105261
营销部（8620）37331682　37331689
传　　真：（8620）31105289（办公室）　37331684（营销部）
网　　址： http：//www. jnupress. com
排　　版： 广州市新晨文化发展有限公司
印　　刷： 广东广州日报传媒股份有限公司印务分公司
开　　本： 787mm×1092mm　1/16
印　　张： 8.75
字　　数： 197 千
版　　次： 2014 年 5 月第 1 版
印　　次： 2026 年 1 月第 4 次
定　　价： 29.80 元

总序

为了培养具备综合职业能力的高技能酒店服务与管理人才，编者以“工学结合”为指导思想，引入国外先进职教理念，深入广州地区酒店行业及企业实地考察、访谈和调研，以酒店岗位从业人员的实际工作任务为主线，依托校企合作，共同对酒店服务与管理人才培养模式、培养目标、职业能力和课程设置进行分析及定位，以典型工作任务为载体，根据典型工作任务和工作过程设计学习情境，按照工作过程的顺序和学生自主学习的要求进行教材内容的编写，创新并开发了酒店服务与管理专业基于工作过程系统化系列教材。本系列教材共12本，分别是：《餐厅服务》、《客房清洁》、《楼层接待服务》、《前厅服务》、《菜肴与酒水推销》、《酒吧服务》、《酒店英语》、《酒店服务心理》、《酒店服务礼仪》、《酒店信息管理》、《餐厅技能训练》、《客房技能训练》。

本系列教材由一批学术水平高、教学经验丰富、课程开发能力强的酒店专业教师与企业骨干共同开发而成。在教材组织编写工作中，我们坚持以下原则：

一是从职业岗位群分析入手，根据酒店对服务人员的要求和相关的国家职业标准，科学确定教材内容，使教材具有贴近酒店一线从业人员岗位实际工作要求的鲜明特色。

二是根据中等职业技术院校酒店服务与管理专业的教学特点，合理编排教材内容，并以工作情境为切入点，采用任务驱动的编写思路，使教材具有适应教学和易于学习的鲜明特色。

三是注重将酒店企业的新理念、新方法及综合职业能力要求编入教材，使教材具有与行业发展同步的鲜明特色，不仅适用于酒店服务与管理专业的教学，也适用于酒店行业、企业员工的职业培训。

上述教材的编写得到了广州首旅建国酒店有限公司、广州市嘉逸国际酒店有限公司、广东大厦等校企合作企业的大力支持，教材的编审人员做了大量的工作，在此表示衷心的感谢。同时，恳切希望广大读者对教材提出宝贵的意见和建议，以便修订时加以完善。

编委会

2014年3月

Contents
目录

Contents

目录

Contents

目录

模块一　酒店服务礼仪基础知识

情景一　酒店服务礼仪认知

●学习目标

1. 了解礼仪的概念和礼仪的起源与发展。
2. 了解何谓酒店服务礼仪。
3. 了解服务礼仪在酒店中的重要作用。
4. 掌握酒店服务人员的角色定位与服务意识。

学习任务

1. 组建学习小组。
2. 通过网络搜集中西方礼仪文化的差异，以及酒店服务礼仪方面的知识与案例。

任务引入

阅读下面的案例，回答后面的问题。

【案例】应聘

东赢商务有限公司广州分公司为了业务发展的需要，招聘一名高级文秘人员，由于待遇丰厚，应聘者甚多。广州大学中文系的高材生小魏也去参加应聘。小魏在大学是数一数二的风云人物，大学四年，在不同的报刊上发表了各种题材的作品，英语表达能力很强，社交场上也很活跃。

应聘当天，她身穿迷你裙，上身着吊带露脐装，头发染成黄色，戴着墨镜轻盈地走到考官面前，不请自坐。几位应聘者交换了一下眼色，主考官说："魏小姐，请你回去等通知吧。"于是她就站起来说："好。"然后头也不回地走出了大门。

问题：小魏能等到录用通知吗？如果你是小魏，你打算如何准备这次面试？这个案例对你有何启示？

____

____

____

【案例】称呼风波

小张的朋友从美国来广州探望他，到广州的当天正好是她的生日，为了给她一个惊喜，小张去一家餐厅定做一个生日蛋糕，到了餐厅，小张对服务员说："小姐，您好，我要为一位外国朋友订一份生日蛋糕，同时打一份贺卡，你看可以吗？"服务员接过订单一看，忙说："对不起，请问先生您的朋友是小姐还是太太？"小张也不清楚这位外国朋友结婚了没有，从来没有打听过，他为难地抓了抓后脑勺想了想，说："小姐？太太？一大把岁数了，太太。"生日蛋糕做好后，服务员按地址到酒店客房送生日蛋糕。敲门后，一女子开门，服务员礼貌地说："请问，您是怀特太太吗？"女子愣了愣，不高兴地说："错了！"服务员丈二和尚摸不着头脑，抬头看看门牌号，再回头打电话给小张确认，没错，房间号码也没有错。再敲一遍，开门，"没错，怀特太太，这是您的蛋糕。"那女子大声说："告诉你错了，这里只有怀特小姐，没有怀特太太！""啪"一声，门被用力关上了。

（资料来源：称呼礼仪案例 . http：//www. worlduc. com，2013 - 02 - 21. ）

问题：小张的做法为何会引起他外国朋友的不满？称呼他人时应注意哪些禁忌？

____

____

____

任务布置

（1）每 4 ~ 6 个人自由组成一个团队，并以团队为单位，分工合作，将中西方礼仪文化的差异在纸上用图标表示出来。

（2）搜集从古到今的礼仪图片，如：两个人见面时，问人借物品时……并贴在卡纸上。

（3）自编一个情景剧（要求发生在酒店的，可以在餐厅也可以在前台），感受一下什么是服务意识与角色定位。

知识链接

一、礼仪的概念

礼：尊重，礼者敬人。仪：表达尊重的形式。

我国自古就有“礼仪之邦”之美称。

刀耕火种时代人们就知道应有的礼貌。

★孔子曰：不学礼，无以立。

★孟子曰：君子以仁存心，以礼存心。仁者爱人，有礼者敬人。爱人者，人恒爱之，敬人者，人恒敬之。

★祥子曰：油多不坏菜，礼多人不怪。

礼仪是指人们在一定的社会交往场合中，为向对方表示尊重、敬意而约定俗成的、共同遵循的行为规范和交往程序。礼仪包括仪式、礼貌、礼节三个方面。在礼学体系中，礼仪是有形的，它存在于社会交往的一切活动中，其形式受物质水平、历史传统、文化形态、民族习俗等众多因素的影响。语言（包括书面的和口头的）、行为表情、服饰器物是构成礼仪最基本的三大要素。一般来说，任何重大庆典活动都需要同时具备这三个要素才能完成。

二、礼仪的起源

礼仪作为人际交往的重要行为规范，它不是随意凭空臆造的，也不是可有可无的。了解礼仪在远古时代的形成，有利于认识礼仪的起源。研究者们说法不一，归纳起来有五种起源说。

1. 天神生礼说

此种学说是人们还没有意识到礼仪的真正起源时的一种信仰学说，是对天神崇拜的一种认识。《左传》有言：“礼以顺天，天之道也。”意思是说，礼仪是顺乎天意的，而顺乎天意的礼说合乎“天道”。这种学说虽然在科学方面缺乏考证，但也反映了礼仪起源的某些历史现象。

2. 礼是天地人统一的体现说

此观点的兴起是在春秋以后。此种学说认为，天地与人既有制约关系和统一性，又具有高于人事的主宰性。把礼引到人际关系中来讨论，比单纯的“天神生礼说”有了更大的进步，但还是没有摆脱原始信仰，所以也不科学。

3．礼起源于人性说

这是儒家的创见，儒家学派把礼和人性结合起来，认为礼起源于人的天性。孔子以仁释礼，一方面把“礼”作为处理人际关系的总则，另一方面把“仁”当作“礼”的心理依据。克己以爱人，就是“仁”；用仁爱之心正确而恰当地处理好人际关系，就是“礼”。

4．礼是人性和环境矛盾的产物

这一学说的目的，在于解决人和环境的矛盾。孔子“克己复礼”的观点，就是看到了人和环境的矛盾，而解决这种矛盾的方法是“克己”。人的好恶欲望如不加以节制，什么坏事都干得出来，于是圣人制礼，节制贪欲。

5．礼生于理，起于俗说

这是对礼仪起源的更深入探讨。理，是指事物的必然性的道理。人们为了生存和发展，根据面临的生存条件，制作出合乎人类生存发展必然性和道理的行为规范，那就是“礼”。“礼”是理性认识的结果。事物的礼落到实处，使之与世故习俗相关，所以又有了礼起源于俗的说法。荀子说：“礼以顺民心为本……顺人心者皆礼也。”这从理和俗上说明了礼的起源。

根据上述种种说法，可以认为，“礼”先于“仪”，有了“礼”这个道德规范，才用“仪”这种形式去表现。“礼”与“仪”常常密不可分。礼仪与部落群居的形成同步产生，并随着社会组成形式和国家制度的变化而变化，随着人类社会生活的发展而逐步完善起来。

三、中国礼仪的发展

1．礼仪的发展阶段

礼仪在其传承沿袭过程中不断发生变革。从历史发展的角度来看，其演变过程可分为四个阶段。

（1）礼仪的起源时期：夏朝以前（公元前21世纪前）。

礼仪起源于原始社会，在原始社会中晚期（约旧石器时代）出现了礼仪的萌芽。这时期的礼仪较为简单和虔诚，还不具有阶级性，内容包括：制定了明确血缘关系的婚嫁礼仪；制定了区别部族尊卑等级的礼制；为祭天敬神而确定的一些祭典仪式；制定了一些人们相互表示礼节和恭敬的动作。

（2）礼仪的形成时期：夏、商、西周三代（公元前21世纪—公元前771年）。

人类进入奴隶社会，统治阶级为了巩固自己的统治地位，把原始的宗教礼仪发展成符合奴隶社会政治需要的礼制，礼被打上了阶级的烙印。在这个阶段，中国第一次形成了比较完整的国家礼仪与制度。如“五礼”就是一整套涉及社会生活各方面的礼仪和行为标准。古代的礼制典籍亦撰修于这一时期，如周代的《周礼》、《仪礼》、《礼记》就是我国最早的礼仪学著作。

（3）礼仪的变革时期：春秋战国时期（公元前771—公元前221年）。

这一时期，学术界形成了“百家争鸣”的局面，以孔子、孟子、荀子为代表的诸子百家对礼教进行了研究与发展，对礼仪的起源、本质和功能进行了系统阐述，第一次在理论上全面深刻地论述了社会等级秩序划分及其意义。

孔子对礼仪非常重视，把“礼”看成是治国、安邦、平定天下的基础。他认为“不学礼，无以立”、“质胜文则野，文胜质则史，文质彬彬，然后君子”。他提倡人们用礼的规范来约束自己的行为，要做到“非礼勿视，非礼勿听，非礼勿动”。他倡导“仁者爱人”，强调人与人之间要有同情心，要相互关心，彼此尊重。

孟子把礼解释为对尊长和宾客严肃而有礼貌，即“恭敬之心，礼也”，并把“礼”看作人的善性的发端之一。

荀子把“礼”作为人生哲学思想的核心，把“礼”看成是做人的根本目的和最高思想，“礼者，人道之极也”。他认为“礼”既是目标、理想，又是行为过程。“人无礼则不生，事无礼则不成，国无礼则不宁。”

管仲把“礼”看作是人生的指导思想和维持国家的第一支柱，认为“礼”关系到国家的生死存亡。

（4）强化时期：秦汉到清末（公元前221—公元1911年）。

在我国长达2 000多年的封建社会里，尽管在不同的朝代礼仪文化具有不同的社会政治、经济、文化特征，但有一个共同点，就是一直为统治阶级所利用。礼仪是维护封建社会等级秩序的工具，这一时期礼仪的重要特点是尊君抑妇、尊夫抑子、尊神抑人。在漫长的历史演变过程中，它逐渐变成妨碍人类个性自由发展、阻挠人类平等交往、窒息思想自由的精神枷锁。

2. 纵观礼仪的发展

辛亥革命以后，受西方资产阶级“自由、平等、民主、博爱”等思想的影响，中国的传统礼仪规范、制度受到强烈冲击。“五四”新文化运动对腐朽、落后的礼教进行了清算，符合时代要求的礼仪被继承、完善、流传，那些繁文缛节被抛弃，同时，一些国际上通用的礼仪形式被接受。新的礼仪标准、价值观念得到推广和传播。新中国成立后，逐渐确立了以平等相处、友好往来、相互帮助、团结友爱等为主要原则的具有中国特色的新型社会关系和人际关系。改革开放以来，随着中国与世界的交往日趋频繁，西方一些先进的礼仪、礼节陆续传入我国，与我国的传统礼仪一道融入社会的各个方面，构成了社会主义礼仪的基本框架。许多礼仪从内容到形式都在不断变革，现代礼仪进入了全新的发展时期，大量的礼仪书籍相继出版，各行各业的礼仪规范纷纷出台，礼仪讲座、礼仪培训日趋红火。人们学习礼仪知识的热情空前高涨。讲文明、讲礼仪蔚然成风。今后，随着社会的进步、科技的发展和国际交往的增多，礼仪必将得到新的发展和完善。

四、酒店服务礼仪

酒店服务礼仪属于职业礼仪的一种，是指在酒店服务工作中形成的，并得到共同认可的礼仪和仪式。酒店服务礼仪具有规范性、系统性、实用性和可操作性等特点。酒店服务礼仪要求服务人员注重仪表规范、仪态规范、仪容规范、语言规范和岗位行为规范；强化全心全意为宾客服务的思想；养成尊重、关心宾客的服务意识；形成宾客至上的服务观念；掌握服务的方法和艺术，了解和尊重别国的风俗习惯和宗教仪式；尊重妇女。竭力使宾客满意并认可酒店的服务，从而赢得更多的回头客。

五、酒店服务礼仪的重要作用

在市场经济条件下，商品的竞争就是服务的竞争。随着科技的发展、信息的发达，企业的技术、产品、营销策略等很容易被竞争对手模仿，而代表公司形象和服务意识的服务人员所表现出来的思想、意识和行为是不可被模仿的。怎样把客户服务放在首位，最大限度地为客户提供规范化、人性化的服务，以满足客人需求，是现代企业面临的最大挑战。所以，现代企业必须在服务上下工夫，才能在同行业中获得持续、较强的竞争力。对于服务人员来说，要做好服务工作，不仅需要职业技能，懂得服务礼仪规范；更需要热情周到的态度、敏锐的观察能力、良好的口语表达能力以及灵活、规范的事件处理能力。

有形、规范、系统的服务礼仪，不仅可以树立良好的企业形象，还可以形成令客人满意的服务规范和服务技巧，能让服务人员在与宾客的交流中赢得理解、好感和信任。

【案例】

王小姐和她的朋友乘坐的出租车刚刚停在国际大酒店大堂门口，面带微笑的门童立刻迎上前去，并躬身拉门问候道："欢迎光临！"王小姐和她的朋友谈笑风生地下了出租车，当门童正准备关门时，忽然发现前座上遗留了一部漂亮的手机，于是扭头对正准备进酒店的王小姐说："小姐，您是否遗忘了手机?"王小姐一听，停止了说笑，忙说："哎哟，是我的手机，谢谢，谢谢。"门童将手机递还给客人，同时又写一张小条子递给了王小姐，这张小条子上写着这辆出租车的车牌号码，然后门童迅速引领客人进了酒店大堂。

王小姐来到前厅接待处，接待员礼貌地问候道："你们好，欢迎光临国际大酒店，请问有没有预订?"王小姐说："我们早在十天前已经预订了一个三人间。"接待员随即请王小姐出示证件，并熟练地查阅预订，立即为客人填写了入住登记表上的相关内容，并请王小姐预付押金和签名，最后说："小姐，你们住在1501房，这是你们的房卡与钥匙，祝你们入住愉快。"

在王小姐办理入住登记手续时，行李员恭立在她们的身后，为客人看护行李箱。行李员带着客人刚来到1501房间的门口，客房服务员便迅速走了过来，笑容可掬地躬身说："你们好，欢迎光临，请出示房卡。""请这边走。"服务员来到1501房门口敲门并报："Housekeeping。"王小姐诧异地问："不是没有人吗?"客房服务员回答道："这是我们的服务规范。"客房服务员打开房门后，开始介绍客房设施与服务。行李员将客人的行李放到了行李架上，同时发现客人将西装脱下随手扔在了床上，便走过去将客人的西装挂进了壁橱。客房服务员和行李员询问道："请问王小姐还有何需要帮助?"王小姐高兴地说："不用了，谢谢你。""祝你们在本酒店居住愉快!"然后两个服务员告辞退出。

王小姐和她的朋友经过了一大的旅行，已经非常疲惫了。当她们躺在柔软的床上，听着悠扬的音乐，欣赏着舒适豪华的室内装潢，回忆着进入酒店的整个过程时，王小姐满意地对朋友们说："这真是星级酒店的服务啊！我们要的不就是这种感觉吗?"

（案例来源：酒店服务心理解析案例．职业餐饮网，http：//www. canyin168. com/glyy/yg/ygpx/fwal/201103/29060. html，2011－03－23.）

问题：为什么王小姐对这间酒店的服务那么满意？酒店服务礼仪的重要性体现在哪里?

____

____

____

六、角色定位与服务意识

1. 酒店服务人员角色定位

（1）社会角色。

社会角色是指与人们的某种社会地位、身份相一致的一整套权利和义务的规范与行为模式，它是人们对具有特定身份的人的行为期望，它构成社会群体或组织的基础。

具体说来，它包括以下四方面的含义：

★角色是社会地位的外在表现

★角色是人们的一整套权利、义务的规范和行为模式

★角色是人们对于处在特定地位上的人们的行为的期待

★角色是社会群体或社会组织的基础

（2）酒店服务人员角色定位。

1）酒店服务人员角色定位的内涵。

★服务者是酒店服务人员最本质的职业角色

2）酒店服务人员角色定位的具体要求。

★自我肯定，树立服务光荣的职业意识和理念

★全心全意，真心实意地为客人服务

★打造阳光心态，适应角色多重转换的需要

（3）酒店服务人员的基本职责。

★接待客人，提供服务

★回答问询，解决困难

★稳定情绪，处理投诉

2. 酒店服务人员的服务意识

西方酒店认为，服务是 SERVICE（本意亦是“服务”），其每个字母都有着丰富的含义：

S－Smile（微笑）：其含义是服务人员应该对每一位宾客提供微笑服务。

E－Excellent（出色）：其含义是服务人员应该将每一项服务程序，每一项微小服务工作都做得很出色。

R－Ready（准备好）：其含义是服务员应该随时准备好为宾客服务。

V－Viewing（看待）：其含义是服务人员应该将每一位宾客看作是需要提供优质服务的贵宾。

I－Inviting（邀请）：指每位服务人员在每一次接待服务结束时，都应该显示出诚意和敬意，主动邀请宾客再次光临。

C－Creating（创造）：其含义是每一位服务人员应该想方设法精心营造出使宾客能享

受其热情服务的氛围。

E - Eye（眼光）：其含义是每位服务人员应该始终以热情友好的眼光关注宾客，了解宾客心理，预测宾客需求，及时提供有效的服务，使宾客时刻感受到服务人员在关心自己。

服务意识，是对酒店服务人员的职责、义务、规范、标准、要求的认识，要求服务人员时刻保持客人在“我”心中的真诚感。

服务意识的具体要求有以下五个方面：

★服务仪表 ★服务言谈 ★服务举止 ★服务礼仪 ★服务称呼

酒店服务人员的服务意识就是：

★用心服务——假如我是消费者

★主动服务——要帮的正是对方想要的

★变通服务——工作标准是规范，但客户满意才是目标

★激情服务——不厌其烦的态度

任务准备

一、团队组建

本书大部分内容采取小组学习的方式进行，请在规定时间（15 分钟）内自行组建学习小组（每组人数视班级情况自定）。

学生分好组后，以小组为单位坐在一起。围成一圈或半圈，中间或前面留空，便于组织活动。每组选出组长，方便活动的开展。

二、教师下发任务书

任务书

1. 任务目标

（1）阅读礼仪的起源与发展资料。

（2）掌握酒店服务礼仪的角色定位与服务意识。

（3）搜集中西方礼仪文化的差异，并用图标在卡纸上表示出来。

（4）作为一名未来的酒店从业人员，应如何做一个讲纪律、懂礼仪的好学生？

（5）自编礼仪情景剧，感受作为一名服务人员应有的服务意识，以及如何为客人服务，要求长度在 5 分钟左右。

2. 任务要求

（1）在教师指导和辅助下，以小组为单位完成布置的搜集任务。

（2）以小组为单位，发挥团队合作的精神。

3. 活动规则

（1）各组自行做好计划书，明确分工。

（2）活动过程必须全体组员参与。

（3）要通过各种形式（照片、漫画、小品演示等）将活动过程记录下来。

（4）任务完成后，要向全班同学汇报，并展示任务的完成过程。

____

____

____

任务实施

一、制定实施方案

认真分析任务，并确定好任务实施方案。

____

____

____

二、确定人员分工

任务实施过程中要明确分工，组长要调动组员充分表达不同意见，形成职责清晰的任务分工表。

组员姓名	任务分工

三、过程监督

请各组成员在任务实施过程中做好过程记录，组长负责进行监督，全体组员共同完成进度监督表。

工作阶段	时间	进度描述	检查情况记录	改善措施以及建议

四、记录任务实施过程中的困难及收获

遇到的困难：

____

____

小组成员想到的解决方法：

____

____

本次活动的收获：

____

____

五、成果展示

汇报内容包括对本次任务完成情况的介绍、任务实施过程中遇到的困难和解决的方法等方面。小组互相评比。

组别	汇报情况

评价反馈

以小组为单位，结合表中标准，围绕自己在活动前后的思想、行为等变化，进行客观评价。

评价标准
（1）遵守规则。
（2）能快速找到与组员的共同目标。
（3）能准确无误、无条件地接受并立即执行组内指令。
（4）能按事先确定的方案尽力完成任务。
（5）能建立良好和谐的人际关系，使工作尽快开展。
（6）能够化解任务中的障碍。
（7）能勇于承认错误，敢于承担责任。
（8）能以大局为重，调整自己的工作节奏。
（9）能在团队合作中表达自己的意见，也能虚心接受他人的建议和批评。
（10）为了实现共同目标，能牺牲自己的利益。

思考与练习

1. “服务”的英文单词SERVICE中的每个字母有什么含义？

____

____

____

____

____

____

____

2. 元世祖忽必烈一次召见应聘官员，应聘者中有一位学士叫胡石塘。此人生性粗心、不拘小节，歪戴着帽子也没有发现就进去面见元世祖。元世祖忽必烈看见他，问道：“你有什么本事啊？说来我听听。”胡学士回答说：“我有治国平天下的学识。”忽必烈听了哈哈大笑道：“你连自己头上的帽子都戴不平，还能平天下吗？”

问题：你是怎样理解“小处不可随便”这句话的？

____

____

____

情景二　酒店服务人员的仪容仪表

●学习目标

1. 学会修饰自己的仪容。
2. 熟练掌握酒店从业人员正确的着装。
3. 掌握基础化妆的步骤与要求，并学会化妆。

学习任务

1. 组建学习小组。
2. 修正自己的妆容。
3. 通过网络搜集酒店从业人员正确的仪容的图片、视频等。
4. 为自己化一个淡妆，为别人化一个工作妆。

任务引入

阅读下面的案例，回答问题。

【案例】 程冰如遭遇尴尬

2002 年，著名表演艺术家程冰如在香港遭遇了着装带给他的窘境。那次境遇让程冰如改变了一成不变的观念，认识到穿衣服确实不能忽视场合。当时，正在香港的某影星获悉程冰如也到了香港，于是邀请他出席胞兄的画展，并嘱咐他一定要去"捧场"。程冰如到展厅的时间不早不晚，展厅里的人熙熙攘攘，程冰如深深地感到人们的装束都非常得体，而自己的一身打扮实在有失体面。

程冰如说起当时的情景还感慨不已："我身边的几位老总穿得都很到位：精致西装，风度翩翩，头发抹得光亮整齐，整齐得能看出梳子在头发上划过的一绺绺痕迹。那位明星一头短发，上衣的两个大尖领，像两把刀一样伸向两肩，腴白的脖子上是金光闪闪的小珠子项链。胡慧中身穿明艳的晚礼服，黑色套头衫，显得那么帅气、干练。我呢，尽管西服料子不错，也合体，只是在香港穿了一个星期没离身，裤线早没了，上衣的兜盖不知怎么的反了向了，兜口老是张着，领带呢，恰巧又忘了戴。”

程冰如说最发怵的是头和脚。头发乱，因为他从来不抹油，习惯于早上起床后用梳子随便扒两下就算完事。“当时，每根头发都‘各自为政’地在头上横躺竖卧，尤其是脑后‘旋儿’旁边的那一绺，高高地矗着，不照镜子都能‘心知肚明’。脚下一双皮鞋更显得寒酸，因为我穿着它已经走了整整一个星期。不亮不说，整个都走了形，像两个大鲶鱼头套在脚上。”

程冰如说他感到了一种不自在，一种被环境隔离开来的不自在。更不自在的是很多人都认识他，知道他是内地著名的相声艺术家，这个握手，那个交谈，问这问那，他则答非所问，因为脑子里老想着头上“旋儿”边的那一绺站立着的头发……

从那以后，程冰如非常注意在不同时间、不同场合、不同环境的服饰穿着和饰物的搭配，使自己的形象更完美。

（资料来源：现代礼仪 . http://freebird1976. blog. 163. com/blog/static/10558635520110413927528/,2011 - 01 - 04）

问题：程冰如在画展上为什么会有“一种被环境隔离开来的不自在”的感觉？

____

____

____

任务布置

（1）每 4 ~6 个人自由组成一个团队，并以团队为单位，分工合作，进行组内各组员仪容仪表的检查，把本组成员不合格的仪容仪表用表格说明，并对照正确的仪容仪表进行整改，同时在下一次课把整改的效果写在仪容仪表的表格上。

（2）搜集有关酒店从业人员不同部门的着装图片、视频等素材。

（3）搜集化妆各环节的图片素材，并加以文字说明。

（4）每组下载一个完整的妆容视频。（要求：不同的妆容）

（5）以组为单位，搜集打领带结（男生）、打丝巾结（女生）的视频或图片并进行练习。

知识链接

酒店服务人员的仪容仪表在一定程度上体现了酒店的管理和服务水平。良好的仪容仪表不仅会产生积极的宣传效果，而且还能弥补某些服务设施方面的不足。国内外评定旅游酒店星级的标准中，都有考核员工仪容仪表的内容。如果一家酒店的服务人员不修边幅、蓬头垢面、衣衫不整、萎靡不振，该酒店的服务和管理是一定不能够达标的。注重仪容仪表是讲究礼貌礼节的一种具体表现，也是酒店服务人员自身获得肯定的途径。良好的仪容仪表不仅能满足客人视觉美方面的需要和求尊重的心理，同时也能为酒店服务人员赢得客人的赞许与亲近。

一、酒店服务人员的仪容仪表规范

酒店服务人员的仪容仪表规范，指按酒店行业要求对服务人员的仪容仪表进行修饰，使之符合礼仪要求。

（一）男服务员的仪容仪表

1. 头发

◆头发必须干净整洁，经常用洗发水洗头

◆头发不能盖住眼睛

◆后边头发不能超过衣领

◆鬓发不能过长

◆头发要用发胶梳理，但不能显得太油或太湿

2. 面部

◆脸面必须干净

◆经常剃须，不能留有胡须根

◆经常用毛巾洗耳朵

◆皮肤要保持干净，不能太油或太干

◆皮肤不能有皮炎、粉刺，若有，一定要马上去治疗

3. 牙

◆每天注意清洁牙齿，保持卫生，用餐后特别注意牙齿的清洁

◆上班以前不能吃大葱、蒜之类的食品，吃后要马上清洁牙齿

4. 身体

◆员工在工作前必须洗澡

◆保持身体的清洁，不能留有汗味

5. 手和手指

◆指甲必须每周修剪，不能留长指甲

◆指甲内不能留有污垢

◆指甲不能涂指甲油

◆手和指甲必须干净，不能有烟草味

◆上厕所后必须用肥皂洗手

6. 长袖衬衣

◆不能将衣袖卷起

◆衣袋里不能放有明显物品

7. 外套

◆外套必须平整

◆外套的颜色要统一

8. 袜子

◆袜子要平整

◆袜子的颜色要和外套颜色相近

◆袜子要保持干净

◆上班时间必须穿工作袜

◆袜子必须是深颜色长筒袜

9. 鞋子

◆上班时间必须穿工作鞋

◆鞋子的颜色只能是黑色

◆鞋子必须干净有光泽

（二）女服务员的仪容仪表

1. 头发

◆必须经常用洗发水洗发

◆头发必须整洁干净

◆必须将长头发盘起

◆头发的样式须将面部露出

◆头发须用发夹挽起，发胶不能涂太湿或太油

◆禁止烫卷发

◆不能染鲜明的颜色

◆不能当着客人的面梳头

◆每个月须去整理头发的样式

2. 面部

◆面部必须干净，不能被头发遮住

◆头发不能盖住眼睛

◆面部皮肤一定要干净，不能太油或太干

◆面部不能有粉刺，有皮炎要去治疗

3. 鞋

◆工作时必须穿工作鞋

◆鞋子的颜色必须是黑色

◆鞋子表面必须干净有光泽

◆不能穿鞋跟太高的鞋子

4. 袜子

◆袜子要素色，不可有图案和破损

◆工作时必须穿着工作袜

5. 饰品

◆不能戴装饰性太强的指环和结婚指环

◆不能戴装饰性太强的耳环

◆工作时间不能将项链戴在外面

◆不能戴特别的饰品

6. 名牌

◆上班时间必须戴名牌

◆名牌戴在上衣的左胸前

◆名牌必须干净

◆名牌字迹要容易看清

7. 女式衬衣

◆可以穿长袖或短袖

◆衬衫不可太透

8. 化妆

◆必须化淡妆上岗工作

◆可画一点眼影

◆不可用假睫毛

◆口红的颜色不可太过鲜艳，本色为主

着装规范

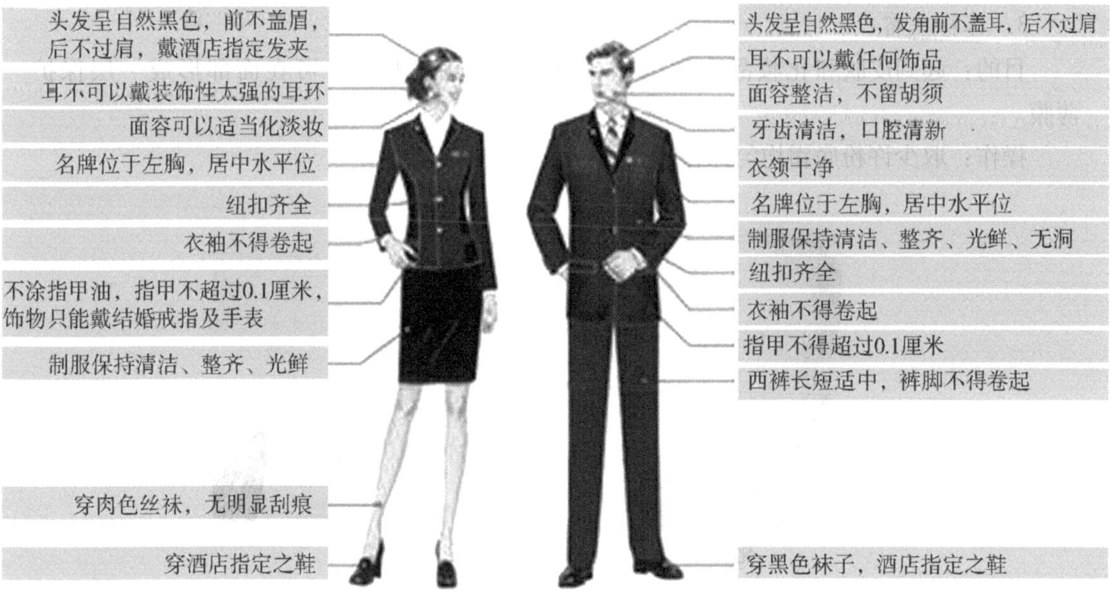

二、面部化妆

化妆要掌握一定的原则，在进行化妆之前，要树立正确的意识。化妆一定要达到美化面容的目的，而不能自行其是，任意发挥。在化妆的原则上要注意自然、得体与协调。

（一）化妆原则

1. 化妆切忌离奇出众，服务人员若不熟悉化妆之道，宁可不化妆也不要贸然化妆
2. 在上班时服务人员不但要化妆，而且要注意及时进行检查和补妆
3. 服务人员在工作岗位上化妆，会被视为对顾客不尊重
4. 休息后一定要补妆，当简单补妆效果不佳时，还要及时重新化妆
5. 工作出汗后，要及时补妆

（二）化妆步骤

基础化妆大体可以分为妆前洁容、涂化妆水、抹粉底霜、打粉底、画眼线、施眼影、描眉形、上腮红、涂口红九个步骤。

1. 妆前洁容

目的：去污，使皮肤清洁；用冷水，供给肌肤水分，促进新陈代谢。

操作：用香皂把脸洗干净，擦干。

清　洁

2. 涂化妆水

目的：收缩皮肤，防止脱妆。

操作：用棉球蘸取化妆水向脸面轻拍。

3. 抹粉底霜

目的：起到皮肤和化妆品之间的黏合剂作用，用来打底，可在面部形成一层保护薄膜。

操作：取少许粉底霜均匀抹在脸上。

化妆水

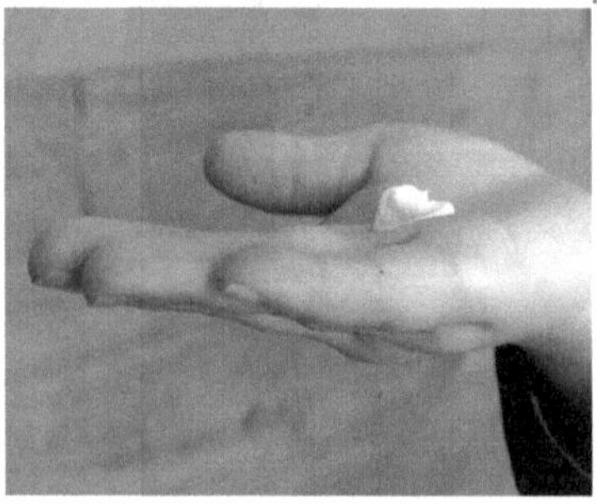

粉底霜

4. 打粉底

目的：调整面部肤色，使之柔和美化。

操作：选择粉底，用海绵取适量的粉底，细致涂抹，使之均匀。

注意：粉底与肤色反差不宜太大，宜在脖子上打上粉底，以免面部与脖子“泾渭分明”。

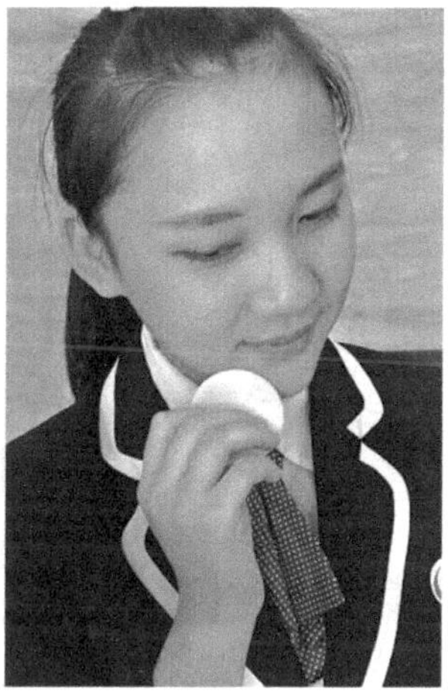

5. 画眼线

目的：使眼睛生动有神，并且更富有光泽。

操作：笔法先粗后细，由浓而淡，上眼线从内眼角向外眼角画，下眼线从外眼角向内眼角画。

注意：一气呵成，生动而不呆板，上下眼线不可在外眼角处交汇。

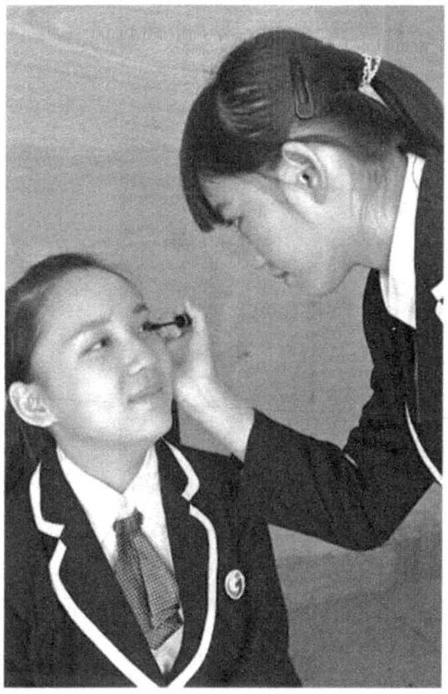

6. 施眼影

目的：强化面部立体感，使双眼明亮传神。

操作：选择与个人肤色相配的眼影，由浅而深，施出眼影的层次感。

注意：眼影色彩不宜鲜艳，工作妆应选用浅咖啡色眼影。

7. 描眉形

目的：突出或改善个人眉形以烘托容貌。

操作：修眉，拔除杂乱无序的眉毛，用眉笔在眉毛上描出眉形。

注意：使眉形具有立体感，注意两头淡，中间浓，上边浅，下边深。眉笔颜色不宜过深、过黑，选用棕黑色为好。

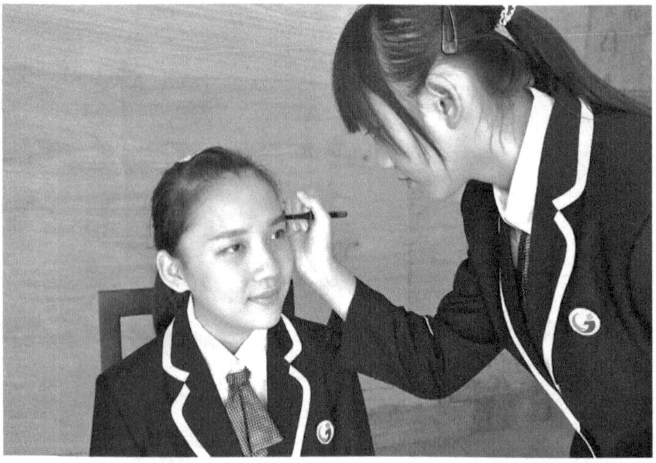

8. 上腮红

目的：使面颊红润，轮廓优美，显示健康活力。

操作：选择适宜的腮红，延展晕染腮红，扑粉定妆。

注意：腮红和唇膏宜选用同一色系，腮红与面部肤色过渡要自然。

9. 涂口红

目的：改变不理想唇形，使双唇更加娇媚。

操作：用唇线笔描好唇线，涂好唇膏，用纸巾吸去多余的唇膏。

注意：先描上唇，后描下唇，从左右两侧沿着唇部轮廓向中间画，描完后检查一下牙齿有无唇膏痕迹。

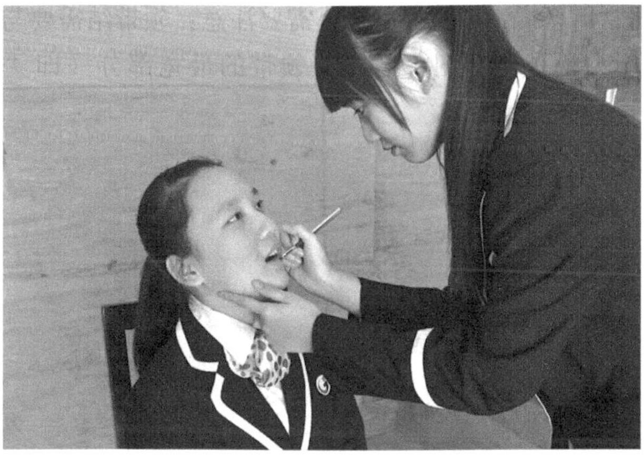

三、领带结与丝巾结的打法

1. 领带结的打法

（1）单结：

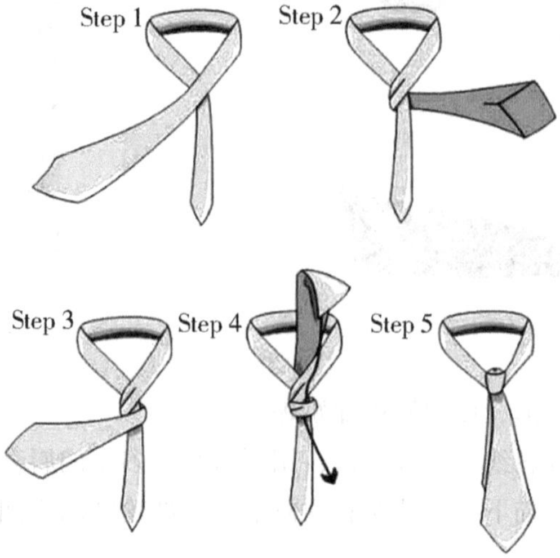

单结是领带结的古典形式。这是最常用的一种结法，打结和解结都非常容易，对大部分的领带和几乎所有的衬衫领都非常适合。为了打好单结，需要注意：领带结需要与衬衫领和谐搭配。它不能太紧，也不能太松地系在衬衫领上，领带的最宽部分（即“最宽点”）应位于腰带处。

（2）双单结：

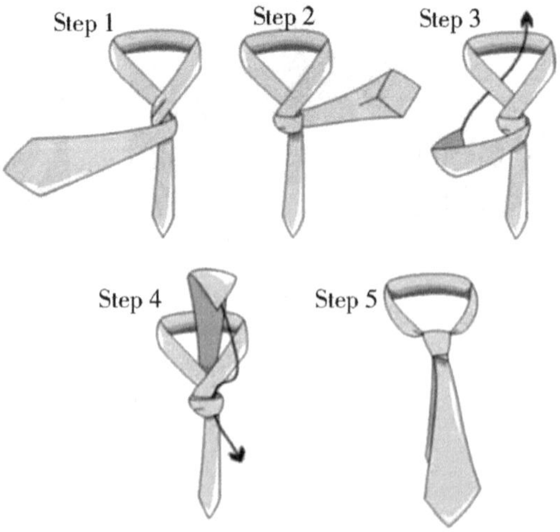

双单结与单结类似，它们的不同在于前者有两个结，即两圈。这种领带结适合个子矮小的男士，它适合意大利衣领和稍细的领带。

（3）温莎结：

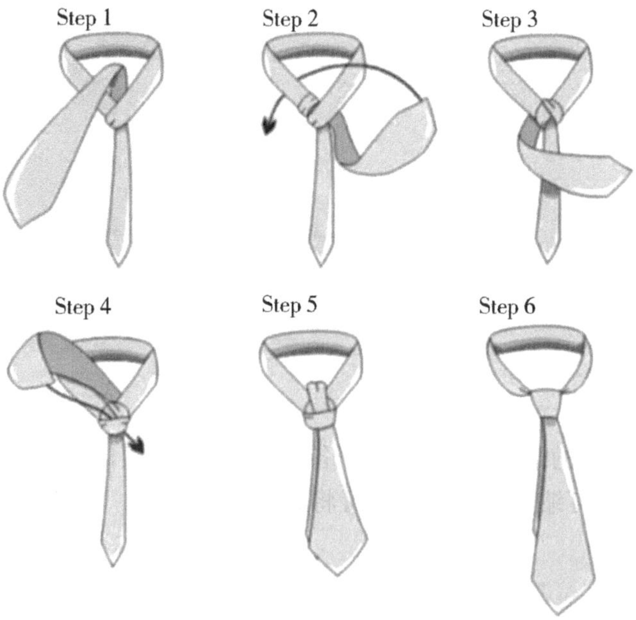

引起潮流的温莎结是一种非常漂亮的英国式领带结法。它体积大，因此适合系在分得很开的衣领上（例如意大利衣领）和很细的领带上。

（4）亚伯特王子结：

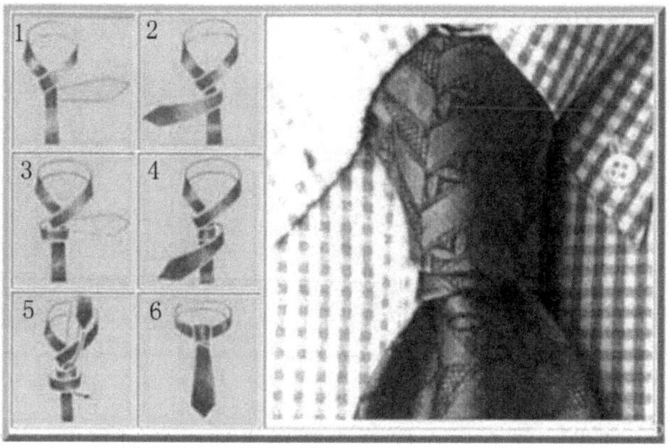

适用于浪漫扣领、尖领系列衬衫，搭配浪漫质料柔软的细款领带，正确打法是：在宽边先预留较长的空间，并在绕第二圈时尽量贴合在一起，即可完成此完美结形。

（5）浪漫结：

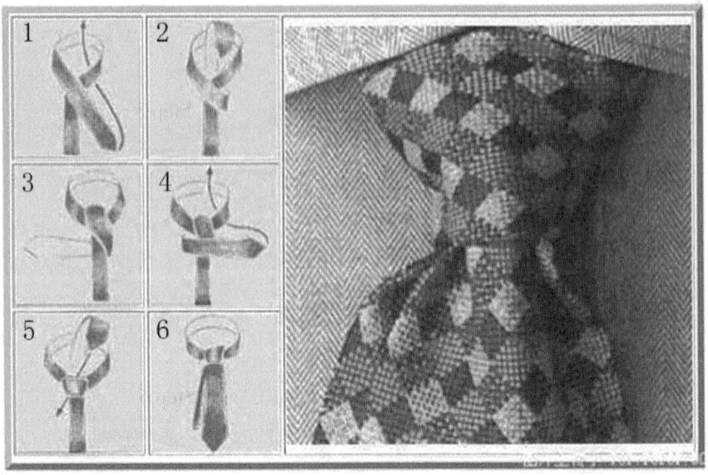

浪漫结是一种完美的结形，故适合用于各种浪漫系列的领口及衬衫。完成后将领结下方之宽边压住皱褶，可缩小其结形，亦可将其往左右移动，使其小部分出现于宽边领带旁。

（6）简式结：

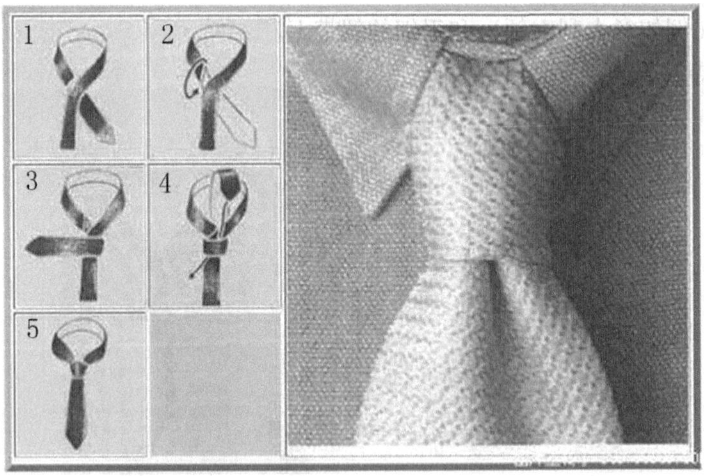

适用于质料较厚的领带，适合打在标准式及扣式领口的衬衫上。将其宽边以 180 度由上往下翻转，将折叠处隐藏于后方，待完成后可再调整其领带长度，这是最常见的一种结形。

（7）十字结：

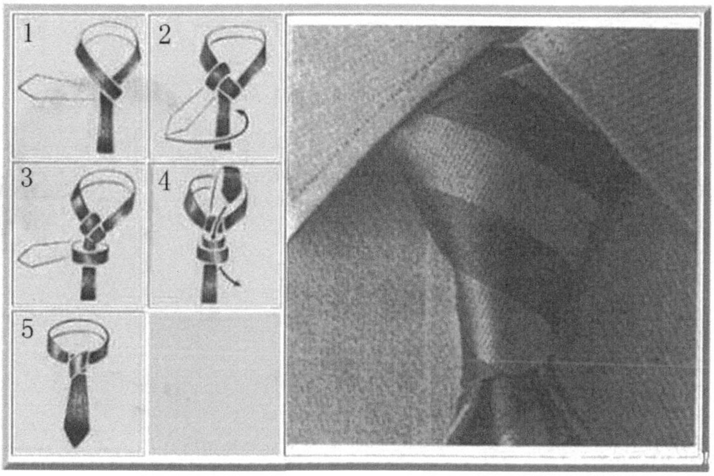

此款结形十分优雅且罕见，其打法亦较复杂。使用细款领带较容易上手，最适合搭配浪漫的尖领及标准式领口系列衬衣。

（8）交叉结：

交叉结在领结的打法中属于较简单的一种，较易上手，适合搭配浪漫的尖领及标准式领口系列衬衣。

2. 丝巾结的打法

（1）花结：

A. 将丝巾对折使两端重叠，
然后拧成麻花状。

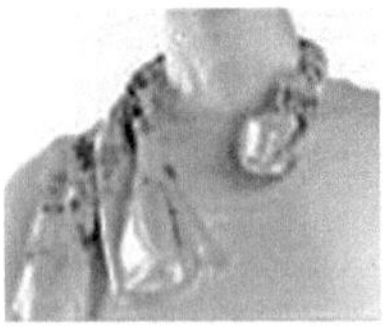

B. 围在脖子上，
把丝巾两端稍稍分开。

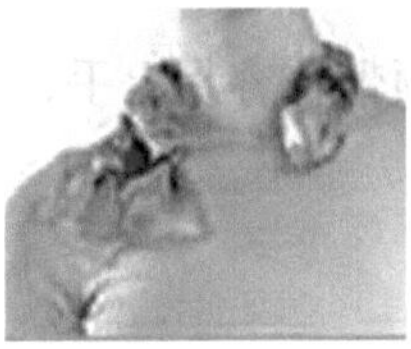

C. 将丝巾的两端分别打结，
穿过另一头的环内。

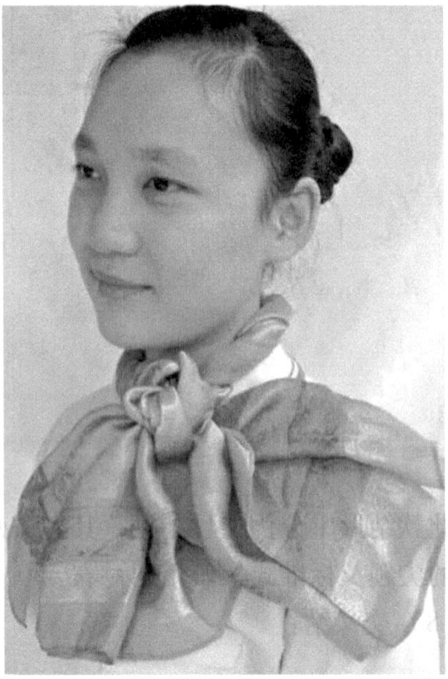

D. 整理成形

（2）牛仔结：

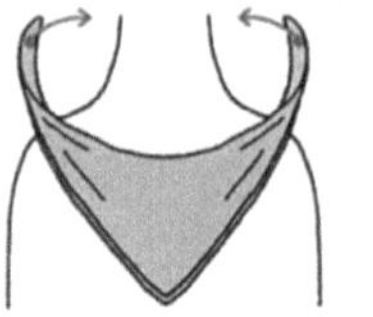

A. 将丝巾折成三角形，然后把丝巾放在胸前，丝巾的两角搭在肩上。

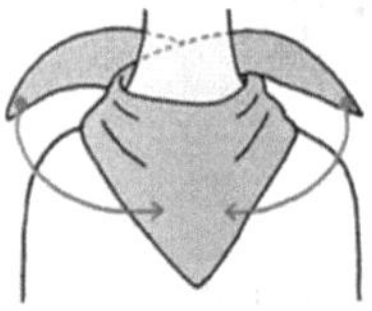

B. 丝巾的两角在颈后交叉再绕回前面。

C. 在正面系一个平结。

D. 整理成形。

（3）蔷薇结：

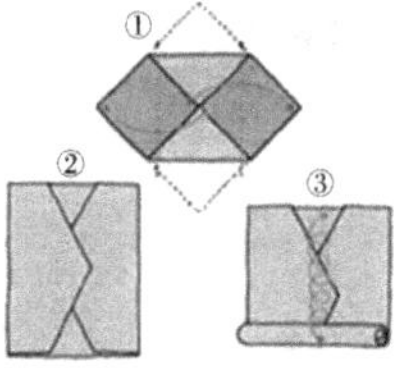

A. 丝巾的对角折向中心点，另一对角也向中心点的方向折，但折的时候，要多向里折一些，折成一个长方形后，由边长较短的一边开始向对边卷过去。

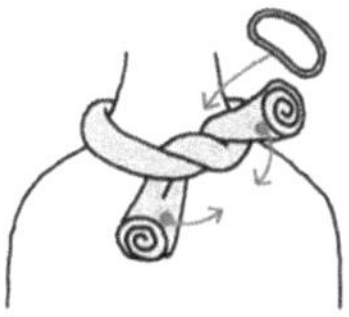

B. 将卷好的丝巾挂在脖子上，系一个单结，使丝巾的两端向前，用橡皮筋将单结固定住。

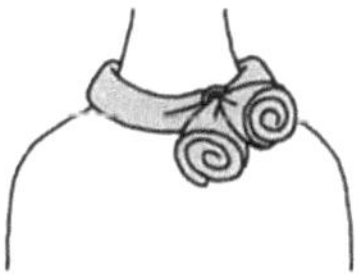

C. 整理一下花蕾的形状和朝向，使系出来的花蕾看起来更漂亮。

D. 整理成形。

（4）三角形环形结：

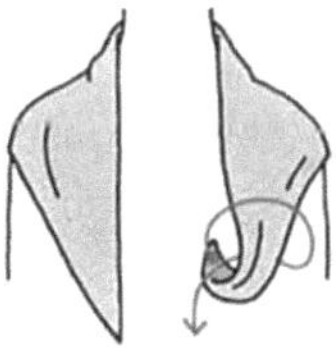

A. 将丝巾折成三角形，然后将丝巾挂在脖子上，在一端留出约20厘米的长度，最后在此处系一个松松的结。

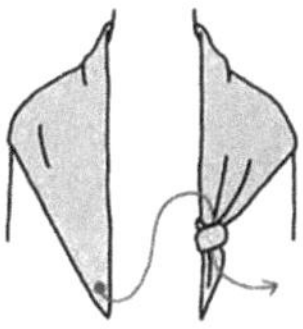

B. 将丝巾的另一端自上而下地从领结内侧穿过，然后将领结固定住。

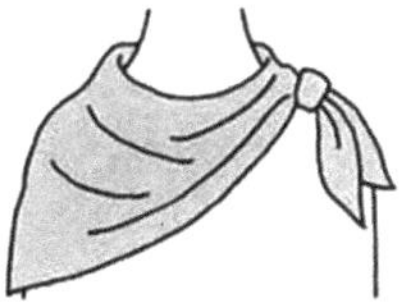

C. 将领结移到左肩或是右肩，整理一下丝巾褶。

D. 整理成形。

（5）三角形散褶结：

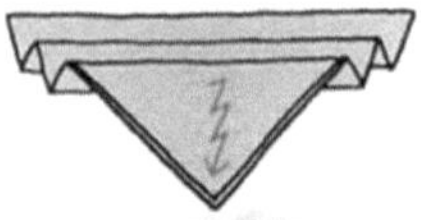

A. 把丝巾折成三角形，将丝巾从三角形底边开始向顶点折成褶形。

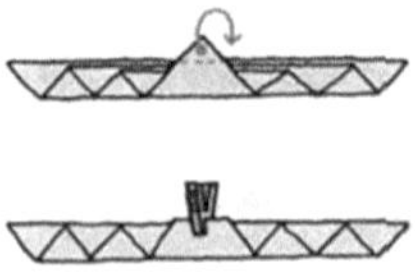

B. 折到顶点的时候，将顶点部分顺势折到另一边包住整条丝巾，用夹子将顶点部分夹住。

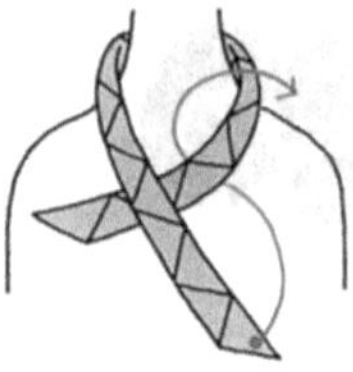

C. 将丝巾挂在脖子上，注意要将丝巾原三角形的底边部分放在内侧，然后系一个单结。

D. 整理成形。

（6）项链结：

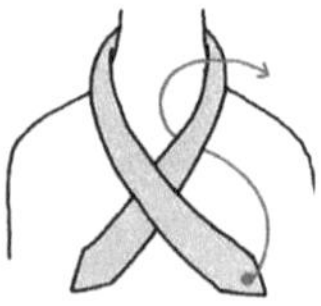

A. 丝巾对角折叠，然后将丝巾挂在脖子上，使左右两端长度一致，在正面打一个单结。

B. 丝巾两端分别以转圈的方式缠绕在丝巾上。

C. 丝巾在颈后面系一个平结。

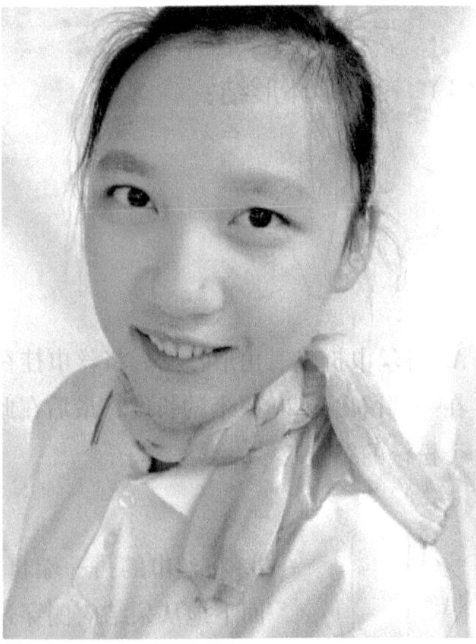

D. 整理成形。

(7) 小丑结:

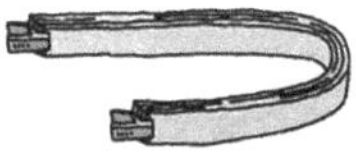

A. 丝巾按褶形折叠法折叠，用夹子将丝巾的两端夹住。

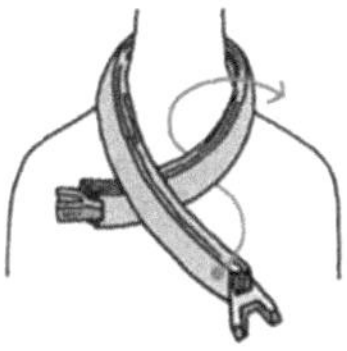

B. 将丝巾挂在脖子上，两端交叉在一起，把上面的一端拉长，然后将长的一端从短的一端的下面向上穿过去系成一个结。

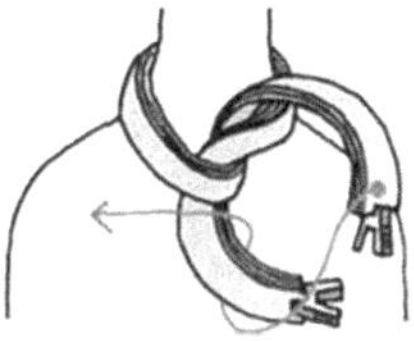

C. 将从下面穿过来的一端绕过较短的一端再系一个结。

D. 整理成形。

(8) 心形结:

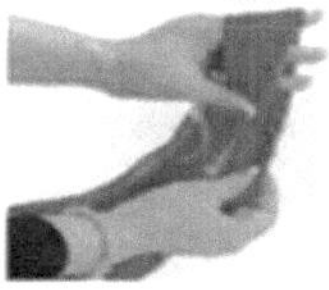

A. 丝巾折成长条状，拿在手上。

B. 系一个死结，整理成正三角形，即成为心形结。

C. 围在脖子上，将心形结戴在颈中间位置，颈后以平结固定。

D. 若感觉单调，可以用心形丝巾扣加以点缀。

E. 整理成形。

（9）玫瑰花结：

A. 将丝巾的一端拧卷，在颈窝处盘出玫瑰花形。

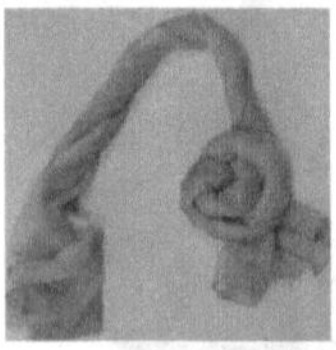

B. 将拧卷的端头对折，从下向上塞入花心。

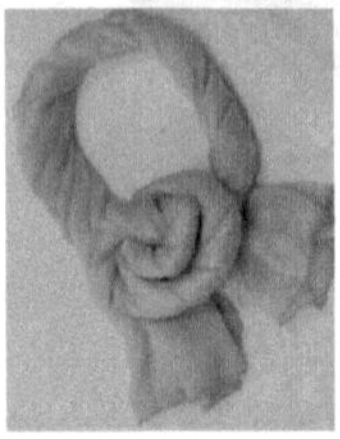

C. 对折处可稍微露出花心，固定“花朵”的效果，将另一端绕过颈部后围系，最后整理好花朵位置及两端造型。

D. 整理成形。

（10）鱼尾结：

A. 将丝巾按长方形折法，折成 8 折，然后对折一次，折成 16 折。

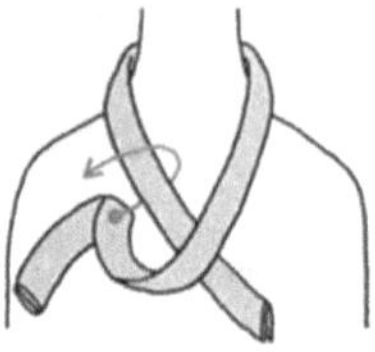

B. 将丝巾挂在脖子上，两端交叉在一起，把上面的一端拉长，然后用长的一端做一个环，自下而上地从短的一端下面穿过去。

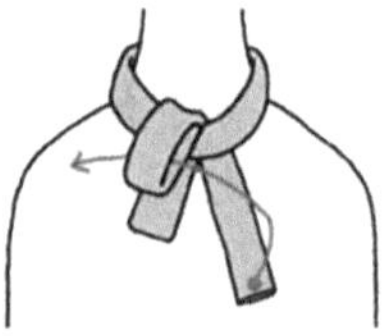

C. 把刚才做成的环垂在前面，另一端从这个环穿过去。

D. 整理成形。

任务准备

一、团队组建

本书大部分内容采取小组学习的方式进行，请在规定时间（15 分钟）内自行组建学习小组（每组人数视班级情况自定）。

学生分好组后，以小组为单位坐在一起，围成一圈或半圈，中间或前面留空，便于组织活动。每组选出组长，方便活动的开展。

二、教师下发任务书

任务书

1. 任务目标

（1）对照仪容仪表规范，整理自己的仪容。

（2）按化妆的步骤为别人化一个工作妆。

（3）按化妆的步骤为自己化一个基础妆。

（4）学习打领带结（男生）、丝巾结（女生）。

（5）利用网络及其他不同渠道搜集酒店各部门的工作着装。

2. 任务要求

（1）在教师的指导和辅助下，以小组为单位完成布置的各项任务。

（2）以小组为单位，发挥团队合作的精神。

任务实施

（1）按仪容仪表规范的要求，对自己的仪容进行整改，并将要整改的内容写下来。

组员姓名	整改前				整改后			
	头发	首饰	穿着	面容	头发	首饰	穿着	面容

（2）按化妆的九步曲（妆前洁容、涂化妆水、抹粉底霜、打粉底、画眼线、施眼影、描眉形、上腮红、涂口红）进行化妆练习。

（3）按本书图示，男生学打领带结，女生学打丝巾结。

评价反馈

内容			评价	
学习目标		评价项目	小组评价	老师评价
知识	应知应会	酒店服务人员着装礼仪知识		
		化妆基本知识		
专业能力	着装	仪容仪表整洁得体、规范		
	化妆	自然、大方、恰到好处		
	仪表	打领带结或丝巾结能否准确、利索、美观大方		
通用能力	修饰打扮能力			
	与人沟通能力			
	解决问题能力			
态度	真心诚意、热情主动、有问必答、团体合作			
建议：			评价汇总： A. 优秀 B. 良好 C. 基本掌握	
今后努力方向：				

思考与练习

1. 为什么酒店服务人员要讲究仪容仪表？
2. 在酒店服务工作中，如何修饰自己的仪容？
3. 化妆一般有哪几个步骤？

情景三　酒店服务人员的言谈与举止礼仪

●学习目标

1. 在不同的场合正确运用礼貌用语。
2. 掌握正确的站姿、走姿、坐姿与蹲姿等。
3. 理解手势语言，正确运用不同的手势。

学习任务

1. 组建学习小组。
2. 学习礼貌用语。
3. 学习正确的站姿、走姿、坐姿与蹲姿。
4. 学习正确的手势语言。

任务引入

阅读下面的案例，回答问题。

【案例】金先生失礼

风景秀丽的某海滨城市的朝阳大街上，高耸着一座楼房，楼顶上“远东贸易公司”六个大字格外醒目。某照明器材厂的业务员金先生，手拿企业新设计的照明器材样品，兴冲冲地登上六楼，脸上的汗珠还未来得及擦干，便径直走进了业务部张经理的办公室，正在处理业务的张经理被吓了一跳。“对不起，这是我们企业设计的新产品，请您过目。”金先生说。张经理停下手中的工作，接过金先生递过的照明器，随口赞道：“好漂亮啊！”并请金先生坐下，倒上一杯茶递给他，然后拿起照明器仔细研究起来。金先生看到张经理对新产品如此感兴趣，如释重负，便往沙发上一靠，跷起二郎腿，一边吸烟一边悠闲地环视着张经理的办公室。当张经理问他电源开关为什么装在那个位置时，金先生习惯性地用手搔了搔头皮。好多年了，别人一问他问题，他就会不自觉地用手去搔头皮。虽然金先生作了较详细的解释，但张经理还是有点半信半疑。当谈到价格时，张经理强调："这个价格比我们预算高出较多，能否再降低一些?"金先生回答："我们经理说了，这是最低价格，一分也不能降了。"张经理沉默了半天没有开口。金先生却有点沉不住气，不由自主地拉松领带，眼睛盯着张经理。张经理皱了皱眉问："这种照明器的性能先进在什么地方?"金先生又搔了搔头皮，反反复复地说："造型新、寿命长、节能。"张经理托词离开了办公室，只剩下金先生一个人。金先生等了一会儿，感到无聊，便非常随便地操起办公桌上的电话，同一个朋友闲谈起来，这时，门被推开了，进来的却不是张经理，而是办公室的秘书。

（资料来源：商务礼仪案例分析．http：//www.doc88.com/p－8941608672264.html，2013－05－26.）

问题：金先生错在哪里？如果你是他，你会如何注意这方面的礼仪？

____

____

____

任务布置

（1）搜集酒店服务的基本礼貌用语。

（2）搜集酒店工作中不文明的用语。

（3）搜集站姿、走姿、坐姿、蹲姿的正确与不正确的做法。

（4）以小组为单位，进行站姿、走姿、坐姿、蹲姿的练习。

（5）以小组为单位，进行手势语言的练习。

知识链接

文明的礼貌用语和稳重优雅的举止是酒店服务人员个人素质的重要体现，反映出酒店服务人员的文化修养和精神面貌，同时也能给客人留下良好的印象，是酒店服务质量的集中展现，是提高酒店整体形象不可缺少的组成部分。在酒店服务中，服务人员都要做到语言优美、礼貌待客、举止文雅、仪态大方，这样才能满足客人希望受到尊重的心理，才会使客人体会到家的温暖和亲切。

一、言谈礼仪

(一）礼貌用语的特点

礼貌用语既是酒店服务工作的内容与需要，也是优质服务的一种体现形式，俗语说：“良言一句三冬暖，恶语伤人六月寒。”这句话形象地概括了使用礼貌用语的重要性。在酒店服务中，服务人员恰到好处地使用礼貌用语，不仅可以表现本人的亲切、友好、和蔼与善意，使宾客感受到礼遇与尊敬，同时显示了酒店员工良好的文明素质和教养，也从一个侧面反映了酒店的档次和服务水平。

礼貌用语主要有以下四个特点：

1. 主动性

在对客服务中，使用礼貌用语应成为服务人员主动而自觉的行动，同时要做到口到、心到、意到。

2. 礼貌性

服务人员在工作中能正确使用各种能体现自谦恭敬的礼貌用语，使客人感受到被尊重。客人到达时有迎客声；遇到宾客时有称呼声；受到帮助时有致谢声；麻烦宾客时有道歉声；宾客离去时有送客声。

3. 亲切性

酒店服务人员运用礼貌用语时，还须做到亲切而自然，让宾客听在耳中，暖在心里。

4. 约定性

酒店服务人员常用的礼貌用语，在内容与形式上，往往都有明确的要求与规定，是在长久以来的服务过程中形成的，在何种情况下用何种礼貌用语，已形成了一种习惯。如客人上午走进餐厅用餐，作为服务人员，应向客人道“早安”。

(二）礼貌用语的基本类型

礼貌用语的基本类型有以下几种：

问候语：“您好”、“很高兴见到您”、“好久不见，您还好吗”

迎送语：“欢迎各位的光临”、“慢走”、“欢迎您下次光临”、“一路平安”

请托语：“请稍候”、“打扰”、“劳驾”

致谢语：“谢谢您的光临”、“无言感激”、“谢谢您对我们工作的大力支持”

征询语：“需要帮助吗”、“请问您还需要些什么”、“请问您需要订餐吗”

应答语：“好”、“随时为您效劳”、“请稍候”

赞赏语：“太好了”、“您好棒”、“您考虑得真周到”

祝贺语：“祝您好运”、“新年快乐”、“节日愉快”

推托语：“您不再要点别的吗”、“请您……”、“我请示一下领导……”

道歉语：“很抱歉，让您久等了”、“对不起”、“多多包涵”

（三）谈吐的艺术

谈话是人们交流感情、增进了解的主要手段，在与客人交流中，不仅要礼貌用语，同时还要注意谈话的技巧，尽可能拉近与客人的距离，使客人身在外，却有回家的感觉。

1. 与众不同

为了吸引对方听你说话，尤其在有其他人在场的情况下吸引对方，就得有些与别人不一样的见解。如前厅客房预订，一般前厅服务员都能按客人的要求为其开房，但如果你能根据客人的消费心理，用心去“读”客人的需求，为其提供个性化的服务，这样就会拉近与客人之间心与心的距离，客人也会接受你的建议。

2. 调换一下位置

你的工作要让客人认同，必须要将心比心，客人离家在外，都希望找一间能令他们有家的感觉的酒店安顿下来。所以，作为一名酒店服务人员要与客人置换一下位置，想想如果你是客人，你需要一间什么样的酒店，希望得到何种服务，这样你就会把工作做到最好，酒店就会宾客如云，经济效益与社会效益也会得到进一步的提高。

3. 察言观色，寻找共同点

一个人的心理状态、精神追求、生活爱好等，都或多或少地在他们的表情、服饰、言谈、举止等方面有所表现，只要你善于观察，就会发现他们的共同点。

4. 尊重他人

谈话是一种艺术，谈话者的态度和语气较为重要，“顾客是上帝”，只要他是来消费的，不管他是什么国籍、种族，说何种方言，贫富贵贱，作为服务人员都要对客人一视同仁，不分彼此。要做到六个一样：对高消费客人和低消费客人一样看待；对境内客人和境外客人一样看待；对华人客人和外国客人一样看待；对东方客人和西方客人一样看待；对黑种人客人和白种人客人一样看待；对新来的客人和熟悉的客人一样看待。

5. 善于聆听

“顾客是上帝”，作为服务人员不能总处在“说”的位置上，还要学会聆听，只有善于聆听，才能真正做到有效的双向交流。外国有句谚语“用十秒钟的时间讲，用十分钟的时间听”，道出了聆听的重要性。

听人谈话要全神贯注，不可以心不在焉、东张西望，表现出不耐烦的表情，同时要听别人把话讲完，不要在别人讲得正起劲时，打断别人的说话，这是最不礼貌的表现。

二、举止礼仪

酒店服务人员仪态举止是服务过程中，其身体呈现的各种姿态及风度，它包括举止和表情等方面。服务人员的身体姿势是身体呈现的样子，包括站姿、走姿、坐姿、蹲姿、手势等。仪态举止是一种无声的肢体语言，它能反映服务人员当时的服务心理状态和个人的内在修养。正如达·芬奇所说：“从仪态了解人的内心世界，把握人的本来面目，往往具有相当高的准确性与可靠性。”

（一）站立姿势

1. 站立姿势的定义

何谓站立姿势？它是服务人员全部仪态的根本点，采用正确的站立姿势服务是酒店服务人员的基本功之一。

俗语说“站如松”，男子的站姿如“劲松”，具有男子汉刚毅英武、稳重有力的阳刚之美；女子的站姿如“静松”，具有女性轻盈典雅、亭亭玉立的阴柔之美。正确的站姿是自信的表现，会给人留下美好的印象。

2. 站姿的具体要求

要求：头正、梗颈、展肩、挺胸、收腹、提臀、腿直、平视和微笑。

3. 站姿的分类

(1) 分腿站姿。

要求：双腿左右分开，不超过肩宽，脚尖朝前，两腿平行，两臂自然下垂置于体侧，也可交叉于后背。这种姿势适用于男性。

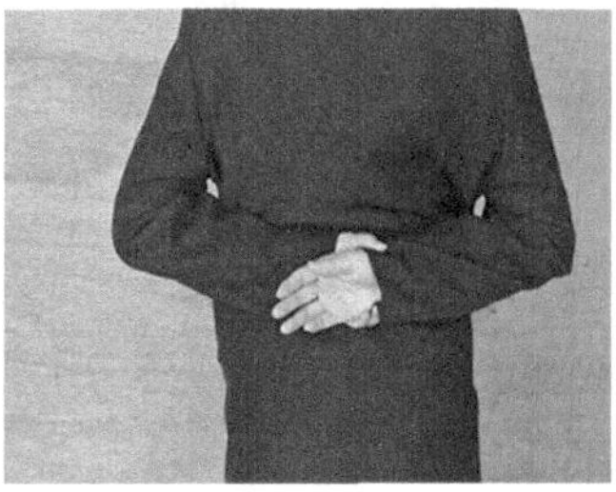

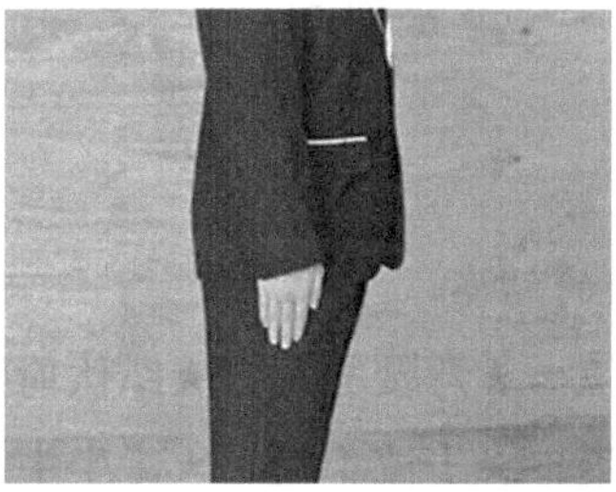

（2）丁字站姿。

要求：两脚尖略展开，后脚向前靠于前脚内侧中间位置，两手交叉置于腹前，这种姿势适用于女性。

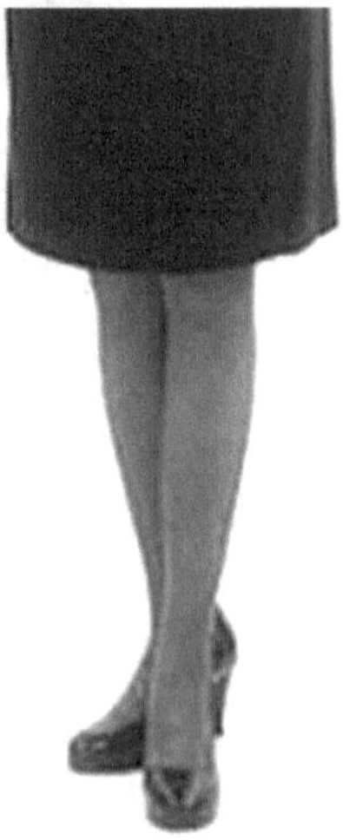

（3）扇形站姿。

站姿要求：两手自然下垂，女子可双手交叉于腹前或放置于背后，两脚跟靠拢，脚尖呈45～60度，身体重心在两脚上。这种姿势男女皆适合。

4．不正确的站姿

★身躯歪位　★弯腰驼背　★趴伏倚靠　★双腿大叉

★脚位不当　★手位不当　★半坐半立　★浑身乱动

（二）行走姿势

俗语说“行如风”，说的就是走姿，走姿始终处于动态中，体现了人类的运动之美和精神风貌。男士的走姿要刚健有力，有阳刚之气，女士的走姿要轻盈如燕，含蓄飘逸，有窈窕之美。

有人编了走姿的动作口诀，体现了走姿的要领：双眼平视臂放松，以胸领动肩轴摆，提髋提膝小腿迈，跟落掌接趾推送。

标准的走姿：上身基本保持站立的标准姿势，挺胸收腹，腰背笔直，两臂以身体为中心，前后自然摆动。手掌朝向体内；起步时身子稍向前倾，重心落在前脚掌上，膝盖伸直；脚尖向正前方伸出。行走时双脚踩在一条直线上。

行走的基本姿势

上楼梯行走姿势

下楼梯行走姿势

（三）坐姿

俗语说“坐如钟”，坐姿是人际交往中人们采用最多的一种姿势，它是一种静态姿势。优雅的坐姿给人一种端庄、稳重、威严的美感。

落座时，要坚持尊者为先的原则落座，不要争抢。通常侧身走近座椅，从椅子的左侧就座，如果背对座椅，要先站好，全身保持站立的标准姿态，右腿后退一点，用小腿确定椅子的位置，上身正直，目视前方就座。落座时声音要轻、动作要缓。落座过程中，腰、腿肌肉要稍有紧张感。女士着裙落座时，要用双手从身后拢裙，不可落座后再整理。

坐立时，上身正直而稍向前倾，头、肩平正，腰部内收，通常只坐椅子的 1/2 到 2/3 处，两臂贴身下垂，两手可以搭放在椅子扶手上，无扶手时，女士右手搭在左手上，放于腹部或者轻放于双腿之上；男子双手掌心向下，自然放于膝盖上。男士膝盖可以自然分开，但不可超过肩宽；女士膝盖不可以分开。当与他人进行交谈时，要注意不能只是转头，而应将整个上身朝向对方，以示对其重视和尊敬。

离座时要先以语言或动作向周围的人示意后，方可站起，突然一跃而起会使周围的人受到惊扰；同落座时一样要注意按次序进行，尊者为先；起身时不要弄出响声。站好后才可离开，同时要从左侧离座。

（1）男子标准坐姿。

（2）男子坐姿禁忌。

▲双脚纠缠座位下方部位，容易让人判断为由不自信引起的局促不安。

▲绝对不要把双腿分开并伸得很长，那样不仅仅让人产生“这个人没有教养”的想法，还会让人产生“这个人对我满不在乎”的想法。

▲跷二郎腿，并双手扣住膝盖不停晃动脚尖，这是一种傲慢无礼的表现。

▲坐下和起立的时候一定要保持一种平稳的速度，否则会把座位弄响，引起别人的不满。

▲避免把背部很舒适地靠在椅子上，让整个人陷在座位当中，那样会给人惫懒的感觉。

▲千万不要坐立不安左右晃动，这样会给人感觉缺乏个人修养。

（3）女子标准坐姿。

第一种：正位坐姿（标准式）。

身体的重心垂直向下，双腿并拢，大腿和小腿成 90 度角，双手虎口相交轻握放在大腿上或双手平放在大腿上，挺胸直腰面带微笑。

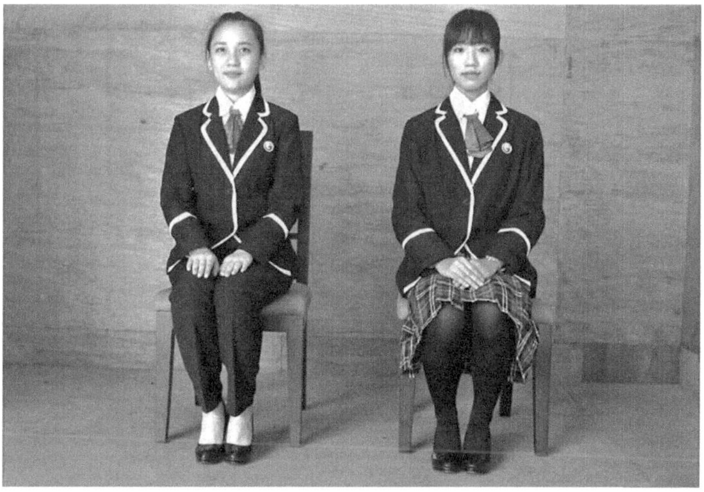

第二种：双腿斜放式（侧点式）。

身体的重心垂直向下，双腿并拢，大腿和小腿成 90 度角，平行斜放于一侧，双手虎口相交轻握放在大腿上或双手平放在大腿上，挺胸直腰面带微笑。

第三种：双腿交叉式（交叉式与后点式）。

身体的重心垂直向下，双腿并拢，大腿和小腿成 90 度角，平行斜放于一侧，双脚在脚踝处交叉，双手虎口相交轻握放在大腿上或双手平放在大腿上，挺胸直腰面带微笑。

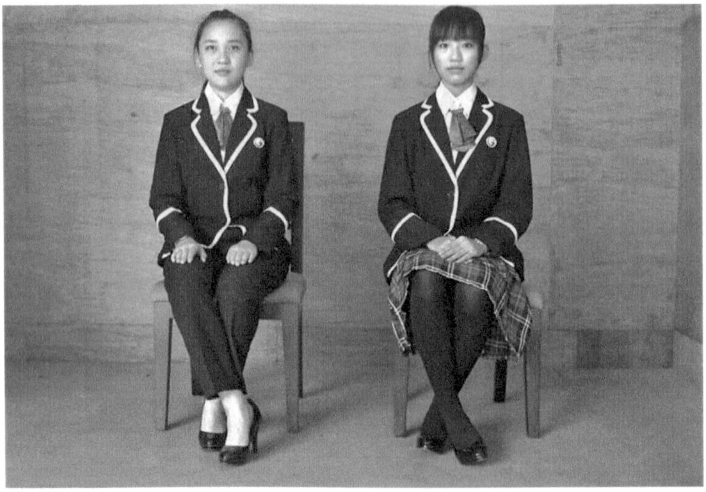

第四种：前伸后屈式（曲直式）。

身体的重心垂直向下，双膝并拢，左脚前伸右脚后屈或右脚前伸左脚后屈，双手虎口相交轻握放在大腿上或双手平放在大腿上，更换脚位时手可不必更换，挺胸直腰面带微笑。

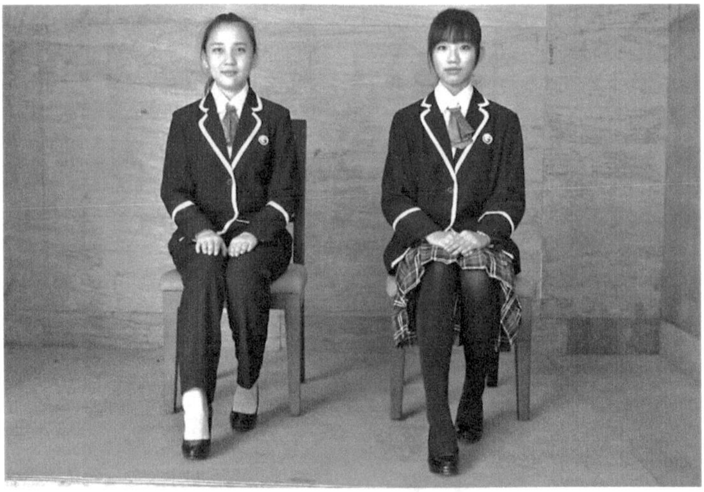

第五种：侧挂式（重叠式）。

先将右脚向右踏出与地面呈 45 度，然后将左腿抬起放在右腿上，大腿和膝盖紧密重叠，重叠后的双腿没有任何空隙，犹如一条直线，双手虎口相交轻握放在左腿上（左右腿可交换）。

(4) 女子坐姿禁忌。

★东倒西歪 ★跷起二郎腿 ★双脚放在凳子上 ★叉开双腿 ★斜靠椅背

(四) 蹲姿

蹲姿是人的身体在低处取物、拾物、整理物品、整理鞋袜时所呈现的姿势。它是人体静态美与动态美的结合，蹲的动作要美观，姿势要优雅。

1. 标准蹲姿

标准的蹲姿有以下要求：首先要讲究方位，当需要捡拾低处或地面的物品时，可走到物品的左侧；当面对他人蹲下时，要侧身相向；当需要整理鞋袜或整理低处物品时可面朝前方，两脚一前一后，一般情况是左脚在前，右脚在后，目视物品，直腰下蹲。直腰下蹲后方可弯腰捡低处或地面的物品以及整理鞋袜或进行低处工作。取物或工作完毕后，先直起腰部，使头部、上身、腰部在一条直线上，再稳稳站起。

2. 蹲姿的分类

蹲姿主要有高低式蹲姿、交叉式蹲姿、单膝点地蹲姿三种。

(1) 高低式蹲姿。

这是常用的一种蹲姿，基本特征是双膝一高一低。这种蹲姿男女均适用。其要领是：下蹲后，左脚在前，右脚在后；左脚完全着地，小腿基本垂直于地面；右脚脚掌着地，脚跟提起；右膝要低于左膝，右膝内侧可靠于左上腿的内侧，形成左膝高右膝低的姿态。臀部向下，基本上以右腿支撑身体。女士应注意紧靠双腿，男士两腿之间可有适当的距离。

（2）交叉式蹲姿。

这种蹲姿优雅，其特征是双腿交叉在一起，此蹲姿适用于女士。其要领是：下蹲后，左脚在前，右脚在后；左小腿垂直于地面，全脚着地。左脚在上，右脚在下，二者交叉重叠，右膝从左脚下方伸向左前侧，右脚跟抬起，脚掌着地，两腿前后靠近，全力支撑身体。上身略前倾，臀部朝下。

（3）单膝点地蹲姿。

这种蹲姿适用于男士，其特征是双腿一蹲一跪。它是一种非正式的蹲姿，多用于下蹲时间较长或为了用力方便时采用。下蹲后，左膝或右膝点地，臀部坐在脚跟之上，以脚尖着地，另一条腿全脚掌着地，小腿垂直于地面。两膝同时向外，双腿尽量靠拢。

3. 蹲姿的注意事项

（1）不要突然下蹲。下蹲时，速度切勿过快，特别是在行进中下蹲尤其要注意。

（2）方位不要失当。在他人身边下蹲时，最好与之侧身相向，面对他人或背对他人下蹲都是极不礼貌的表现。

（3）不要毫不遮掩。在大庭广众之下下蹲时，身着裙装的女性一定要注意掩饰。

（4）不要随意滥用。不要在工作中随意采用蹲姿，也不可蹲在椅子上或蹲在地上休息。

（五）手臂姿势

手臂姿势通常称作“手势”或“手姿”。它指的是服务人员在运用手臂时，所表现的具体动作与体位，服务人员在对客服务过程中要注意使用规范化的手势，要区别宾客区域性的差异，还要牢记手势宜少忌多的使用原则。

酒店服务人员的常用手势主要有以下五种：

1.“请”的手势

“请”的手势对酒店服务人员来说是最常用的。它可以细分为横摆式、直臂式、曲臂式、斜摆式、双臂式五种，采用各种“请”的手势时，都要求服务人员目视对方，面带微笑，这样才能表示对客人的尊重与欢迎。

（1）横摆式。

动作要领：手放于体侧，将五指伸直并拢，掌心不可凹陷，肘部微屈，开始时，手从腹前抬起，以肘部为轴，轻缓优美地向一侧摆，手掌慢慢翻到掌心向上，到身体一侧稍前的地方停住，不可摆到体侧或身后，手掌与前臂不可弯曲，且手部与前臂在一条直线上，头部和上身向前倾。

（2）直臂式。

动作要领：手放于体侧，将五指伸直并拢，掌心不可凹陷，肘部不可弯曲，腕低于肘，开始时，以肩为轴向体侧摆动，手掌慢慢翻转至掌心向前，手臂与上身呈45度时停住，手部、腕部、臂部均在一条直线上。

适用性别：男女均可。

（3）曲臂式。

动作要领：手放于体侧，将五指伸直并拢，掌心不可凹陷，肘部不可弯曲，腕低于肘，开始时，以肘部为轴，前臂向前抬至腰部的高度，当手掌慢慢翻转至掌心向上时，手臂接着转向体侧呈45度角停住，手掌与前臂在一条直线上，掌心向上。

适用性别：女性。

（4）斜摆式。

动作要领：两手放于体侧，五指伸直并拢，以肘部为轴，手掌翻转向上，臂向前抬起至腰部，再以肘关节为轴，前臂由上向下摆动，使手臂向下成一条线，掌心向前。

适用性别：男女均可。

（5）双臂式。

动作要领：两手放于体侧，五指伸直并拢，以肘部为轴，手掌翻转向上，同时屈臂向前，抬到腰部。当站在来宾的侧面时，可双臂向一侧同时摆动，即“双臂曲臂式”；当面对较多宾客时，可双臂同时向身体两侧分别摆到身体的侧前方，即“双臂横摆式”。

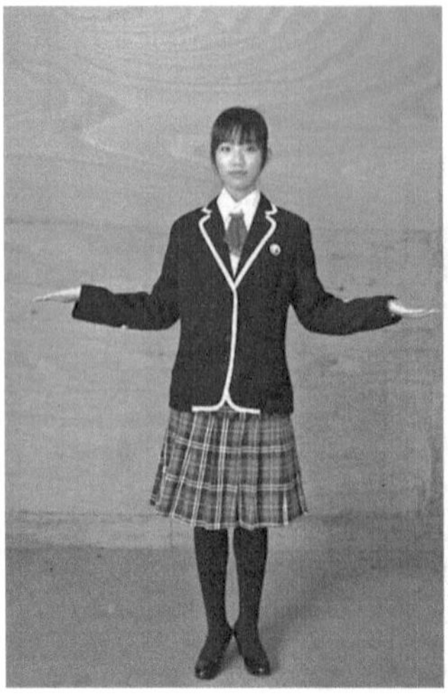

2. 挥手道别

动作要领：身体站直，目视对方。手臂伸直，呈一条直线，手放在体侧，向前向上抬至与肩同高或略高于肩。掌心朝向对方，指尖朝向上方，五指并拢，手腕晃动，手臂不上下或左右摆动。

3. 指引方向

动作要领：身体站稳，直臂指引，手臂伸直在一条直线上；五指并拢，手掌翻转为掌心朝上，与肩平齐，直指准确方向；目光要随着手势走，否则易使对方产生迷惑；指引方向后，手臂不可马上放下，要保持手势顺势送出几步，体现对宾客的关怀和尊敬。

4. 递接物品

动作要领：双手递送、接取物品。递送时，最好直接递送至宾客的手中，并且要方便对方接取；接取物品时，要缓而且稳，不可急于抢取；双方相距过远时，要主动走近对方；递送带尖、带刃或其他易伤人的物品时，应使刃或尖朝向自己或朝向他处，切不可朝向对方。

5. 鼓掌

鼓掌是在观看文艺表演、参加会议、迎候嘉宾时表示赞赏、鼓励、祝贺、欢迎等情感的一种形式。

动作要领：以右手掌心向下有节奏地拍击左掌，不可左掌向上拍击右掌；不可右掌向左，左掌向右，两掌互相拍击。鼓掌时间要长短相宜，5～8 秒为宜。

任务准备

一、团队组建

（1）视全班人数而定将学生分成若干小组，选出组长，分工合作。

（2）以小组为单位，按顺序把学生的桌椅拼起来，最后把课室中间留空，用作学生模拟练习或表演的场地。

组名		组号	
组长姓名		负责工作	
组员姓名	联系电话	负责工作	

二、教师下发任务书

任务书

1．任务目标

（1）搜集文明语言，了解在不同的场合有哪些不同的礼貌用语。

（2）掌握与学会正确的站姿、走姿、坐姿、蹲姿及手势语言。

2．任务要求

（1）以小组为单位，在老师的指导下，进行站姿、走姿、坐姿、蹲姿练习。

（2）进行举止练习时，要穿礼仪服装，男生穿皮鞋，女生穿高跟鞋。

任务实施

一、案例分析

【案例】果盘风波

某酒店两个包房内有两批客人在就餐，A 包房的客人就餐接近尾声时，服务员送上一盘果盘称是酒店免费赠送的，恰好被 B 包房的客人看见了，并提出要求：希望酒店也免费赠送他们一盘。服务员拒绝了，称是奉主管之命行事，只给 A 包房客人送。不公平的感觉使 B 包房的客人义愤填膺，于是与服务员发生了争执。在争执中，服务员甩下一句话："不关我的事，你们找错对象了，去找我们的主管吧！"主管来了对客人解释说："按本酒店规定，消费满 300 元方可赠送果盘，而你们只消费了 100 多元，不够条件，因此无能为力！"B 包房的客人拂袖而去，走到邻近的一家酒店用餐，从此再未跨进这家酒店。

（资料来源：各岗案例分析及服务用语标准 . http://www. doc88. com/p -54058886716. html, 2011 -03 -20. ）

思考：为什么 B 包房的客人会有如此遭遇？请你判断并分析以上情境中岗位用语的使用是否符合礼仪规范，如果你是服务员或主管，你会如何解决？

____

____

____

【案例】敬语缘何招致不悦

一位住在某酒店的国外客人到酒店餐厅吃饭，走出电梯时，站在电梯口的一位女服务员很有礼貌地向客人点点头，并且用英语说："您好，先生！"客人微笑地回道："你好，小姐。"当客人走进餐厅后，引位员发出同样的一句话："您好，先生。"那位客人微笑着点了一下头，没有开口。客人吃完午饭后，顺便到酒店的庭院中去走走，当走出内大门时，一位男服务员又是同样的一句话："您好，先生。"

这时客人只是下意识地点了一下头了事。等到客人重新走进大门内时，劈头见面的仍然是那位男服务员，"您好，先生"的声音又传入客人的耳中，此时这位客人已感到不耐烦了，沉默无语地径直去乘电梯准备回房间休息，恰好在电梯口又碰见那位女服务员，自然又是一成不变的套话："您好，先生。"客人实在不高兴了，装作没有听见的样子，皱起了眉头，而这位女服务员却丈二和尚摸不着头脑！

这位客人在离店时，写给酒店总经理一封投诉信，内中写道："……我真不明白你们酒店是怎样培训员工的？在短短一个中午的时间内，我遇到的几位服务员竟千篇一律地简单重复一句话‘您好，先生’，难道不会使用其他的语句吗？”

（资料来源：敬语缘何招致不悦．旅交汇，http：//www.17u.net/news/newsinfo_55016.html，2008－07－01.）

分析：上述案例，这些服务员主要错在哪里？

____

____

____

二、实训练习

1．站姿练习

（1）靠墙练习：学生靠墙站立，要求他们把脚后跟、小腿肚、臀部、双肩、头部紧贴墙壁，两脚跟并拢，两脚尖打开45度。挺胸收腹，立腰，双目平视。

（2）让学生顶着物品进行站立练习。

2．走姿练习

（1）顶书训练：学生将书本置于头顶上训练行走，可以纠正行走时低头看脚、摇头晃脑、东张西望、脖子不直、弯腰弓背的毛病。

（2）掐腰训练：学生掐腰，上身正直，可以纠正行走时摆胯、送臀、扭腰等动作。

（3）原地摆臂练习：学生站立，两脚不动，原地晃动双臂，前后自然摆动，手腕进行配合，掌心要朝内，以肩带臂，以臂带腕，以腕带手。

（4）上下楼梯练习：头上顶书，沿直线走，上下楼梯时，不能向下看，两臂自然摆动，目光平视。

3．坐姿练习

两排学生面对面坐，头上顶书，椅子坐2/3，男生上身与大腿成90度，大腿与小腿成90度，两脚与肩同宽，脚尖朝向正前方，双手平放在大腿上。女生则按上述五种正确的坐姿进行练习。

4．蹲姿练习

（1）将书本或其他物品放在站立位置的左边或右边，然后用三种不同的蹲姿将地上的物品捡起来。

（2）在10米左右的直线上，将距离不均等的物品放在地上，然后用三种不同的蹲姿边走边将地上的物品捡起。

5．手势练习

让学生自设数个酒店服务的场景来练习各种不同的手势。

评价反馈

完成本次任务后，你有何收获？

____

____

____

综合能力评价表

<table>
<tr><th colspan="2">内容</th><th colspan="6">评价</th></tr>
<tr><td>学习目标</td><td>评价目标</td><td colspan="2">个人自评</td><td colspan="2">小组评价</td><td colspan="2">老师评价</td></tr>
<tr><td>言谈礼仪</td><td>礼仪用语</td><td>Yes</td><td>No</td><td>Yes</td><td>No</td><td>Yes</td><td>No</td></tr>
<tr><td rowspan="5">举止礼仪</td><td>站立姿势</td><td>Yes</td><td>No</td><td>Yes</td><td>No</td><td>Yes</td><td>No</td></tr>
<tr><td>行走姿势</td><td>Yes</td><td>No</td><td>Yes</td><td>No</td><td>Yes</td><td>No</td></tr>
<tr><td>蹲起姿势</td><td>Yes</td><td>No</td><td>Yes</td><td>No</td><td>Yes</td><td>No</td></tr>
<tr><td>坐姿</td><td>Yes</td><td>No</td><td>Yes</td><td>No</td><td>Yes</td><td>No</td></tr>
<tr><td>手势语言</td><td>Yes</td><td>No</td><td>Yes</td><td>No</td><td>Yes</td><td>No</td></tr>
<tr><td colspan="2">建议：</td><td colspan="6">评价汇总：
A. 优秀
B. 良好
C. 基本掌握</td></tr>
<tr><td colspan="8">努力的方向：</td></tr>
</table>

思考与练习

1. 请在横线部分填上恰当的礼仪用语。

与人相见说________ 问人姓氏说________ 问人住址说________

仰慕已久说________ 长期未见说________ 求人帮忙说________

向人询问说________ 请人帮助说________ 请人解答说________

得人帮助说________ 祝人健康说________ 向人祝贺说________

问人年龄说________ 身体不适说________ 欢迎购买说________

请人接受说________ 送人相片说________ 看望别人说________

需要考虑说________ 无法满足说________ 请人谅解说________

言行不妥说________ 慰问他人说________ 迎接客人说________

2. 案例分析。

2009 年，东悦宾馆客房前台，一位女服务员正当值。这时，一位美国小姐从她的房间走了出来，于是服务员用中文很有礼貌地问了一句："小姐，您好！出去吖?"这位美国小姐略通中文，她说："你说的'小姐，您好'我懂，那'出去吖'是什么意思?"这位服务员解释道："我们平时见到朋友都习惯问'你出去吖、你去公园吖、你去工作吖等等'。"这位小姐只听懂了几个词"出去、公园、工作"，其他就不懂了，于是，她立即翻了脸，说服务员侮辱她。服务员反复解释，由于语言及文化背景不同，越解释该小姐越恼怒。她一气之下找到了总经理投诉，要求酒店对此事作出解释。总经理出面了解了事情的真相，并代表酒店向这位小姐道歉。

分析：该服务员主要错的地方在哪里，我们在工作中应如何避免这类事情发生？

____

____

____

3. 练一练。

新年到了，华乐酒店要举办一场新年晚会，需要酒店的员工在晚会过程中进行礼仪接待，而你是在新年晚会中负责引导客人进场的礼仪工作人员，你在礼仪接待时站姿、走姿及手势应如何把握？需要注意哪些方面？

____

____

____

模块二 酒店接待礼仪

情景一 前厅服务礼仪

●学习目标

1. 按要求运用门厅服务礼仪做好接待工作。
2. 按要求运用总台服务礼仪做好接待工作。
3. 按要求运用商务中心礼仪做好接待工作。
4. 按要求使用电话总机服务礼仪做好接待工作。

学习任务

1. 组建学习小组。

2. 利用网络搜索、查阅相关书籍等方式收集前厅服务人员的形象要求，站位、接待客人的要求及注意事项等信息。

任务引入

阅读下面的案例，回答后面的问题。

【案例】当客人被车门夹伤后

东南亚某现代化大都市，春光明媚，鲜花盛开，整座城市被装饰得流光溢彩，市里正在举行各种各样的宴会和庆典活动，各大酒店也挤满了身着盛装的绅男淑女。当地一流的国民酒店门前，豪华轿车川流不息，好不风光。酒店贵客李太太要乘坐一辆奔驰车，门卫赶忙上前打开车门，当门卫推上车门时，只听李太太“哎哟”一声，门卫连忙再次打开车门，但已来不及了，李太太的手指被门夹了一下，而且伤得很厉害。“你是怎么关门的?”李太太怒气冲冲地责问门卫。“对不起，夫人！我是看见你落座后才关的门。”门卫解释说。“你还强辩!”李太太更是怒不可遏。于是双方发生了一场争执……

第二天，李太太通过律师向酒店投诉，并提出了赔偿1 000美元治疗费及精神损失费的要求。

李太太陈述：这一事件是由门卫明显的失职造成的。作为客人，对酒店专职服务人员的过失行为所造成的损害要求给予赔偿，是理所当然的。

酒店方面对李太太的投诉进行了反驳：根据门卫的陈述，当时她已进入车内，两手也放到了里面。门卫是看清情况、确认不会发生事故之后才把门推上的。李太太是在门卫关门时不小心把手伸到了关门的地方。这一本不该发生的事故是因客人的无意行为而发生的，这要归咎于酒店是不公平的。确切地说，这一事故与其说是由于门卫的过错造成的，还不如说是因李太太不当心造成的。

（资料来源：当客人被车门夹伤后 . http://www. tudou. com/home/diary_v4580780. html，2010－11－12.）

问题：门卫做错了吗？酒店是否应该赔偿客人的损失？

____

____

____

【案例】个性化服务从小事做起

有一个叫约翰逊的纽约商人，是曼谷东方大酒店的常客。在一个星期五，他又到达曼谷，来到东方大酒店，服务员立即以亲切和蔼的声音上前对他说：“约翰逊先生，欢迎您光临。您的房间已经安排好了，希望您能满意。”一边的行李员立即上前接过客人的行李，把客人带到房间。约翰逊先生惊奇地发现自己的房间被酒店特意安排在二楼离楼梯最近的地方。他大为高兴，非常感谢酒店的服务。原来，在前几次住宿时，前台的接待员了解了他的宗教信仰，按照他们的教规，每逢周五不能坐电梯，而只能自己走楼梯，于是在安排房间的时候，特意作了这样的安排。这样，不仅尊重了客人，连他的宗教信仰也被予以了重视，让客人感到非常满意。

（资料来源：酒店服务礼仪 . http：//wenku. baidu. com/view/8040fe0ceff9aef8941e0684. html，2013－03－05.）

分析：何谓个性化服务？如何才能做到让客人在酒店住宿期间有回家的感觉？

____

____

____

任务布置

（1）阅读课文，用笔把重要的内容标示出来。

（2）搜集前厅服务的工作岗位的相关礼仪服务，并用图片、漫画标出来。

（3）根据你对酒店前厅的认识，画出其结构图。

（4）进行前厅各工作岗位的情景模拟练习。

知识链接

前厅是宾客进出酒店的汇集场所，被称为酒店的“门面”和“窗口”。前厅服务人员服务的好坏，直接影响到宾客对酒店的第一印象与最后评价的形成。因此，礼貌待客在前厅服务中显得尤其重要。

前厅部是酒店的“橱窗”，它包括礼宾部、预订处、接待处、总台、商务中心、收银处、客户关系部、车队等，负责为宾客提供预订、行李运送、登记、问询、电话呼叫等各项礼仪服务。

一、礼宾部服务礼仪规范

（一）迎宾服务礼仪规范

◆服饰整齐、仪容大方、精神饱满地立于门前。

◆见到宾客乘车到达，主动上前，引导车停稳，一手拉开车门，一手挡住车门的上沿，以免客人碰到头部。对伊斯兰教徒和佛教徒则不能挡。

◆当客人较集中到达时，要不厌其烦地向宾客微笑、点头示意、问候，尽量使每一位客人都能听到亲切的问候声。

◆遇到老人、儿童、残疾客人，要主动伸手搀扶，备加照顾。

◆车子离开时，也要向司机打招呼：“您辛苦了，再见。”

◆得到客人允许后，可以帮客人从车中提取行李，并清点行李件数。询问是否需要行李员，若需要，应帮助联系行李员。

◆协助客人把行李交给行李员。

（二）送客服务礼仪规范

1. 离店准备

◆接听客人提取行李的电话，问清房号、行李件数、收录时间。

◆推行李车，3 分钟内或按客人要求准时到达房间。

2. 提取行李

◆“敲门—通报”进房，问候客人，同客人一起清点行李件数，检查有无破损，并系上填好的行李卡。

◆如客人不在房内，请楼层服务员开门提取行李，此时同样遵守“敲门—通报”的流程，并注意检查有无客人的遗留物品。

3. 引领客人

◆引领客人至大堂，请客人先行，保持一定距离。

◆先确认客人是否已结账，如未结账则礼貌地请客人先结账。

◆再次请客人确认行李件数。

◆确认客人已经结清账目，用手势告诉门童，将行李装上车。

4. 道别返回

◆为客人打开车门并护顶（伊斯兰教徒、佛教徒除外），如是外宾可告知司机前往地点。

◆向客人礼貌道别，祝客人旅途愉快，欢迎客人再次光临。

●超级链接

"金钥匙"服务

1. "金钥匙"标志

2. "金钥匙"的由来

大约在 100 年前，世界上出现了一批跟我们一样的服务人员——"服务人"。1929 年法国人费迪南德·吉列特将原本附属的、个体的、分散的委托代办服务进行了整合，组织了一批志同道合的礼宾部人员，成立了法国城市酒店业委托代办组织——"金钥匙"组织。

3. "金钥匙"的概念

◆"金钥匙"是一切合格的、顶级的服务人员，"金钥匙"服务是一切合格的、顶级的服务的标志。

◆"金钥匙"服务是一个顶点，而不仅仅是服务的一个行当。

◆“金钥匙”是服务人的一部分。专业服务的高水准表现，就是“金钥匙”服务，提供这种高水准专业服务的服务人，就叫作“金钥匙”。

4.“金钥匙”服务理念

◆先利人，后利己

◆用心极致，满意加惊喜

◆在客人的惊喜中找到富有的人生

5.“金钥匙”服务内容

◆接，就是到机场、火车站、码头，接VIP客人、VIP团队、儿童团队或普通客人。

◆送，不单指送VIP客人、VIP团队、儿童团队或普通客人到机场、火车站、码头，而且也包括送信、送物。

◆买，就是代客人买邮票、食品、药品、日用品、电脑、电脑配件、娱乐用品、植物、交通客票、戏票、鲜花、致敬卡等并放入客人房内。

◆取，就是去机场、汽车站、火车站、托运站代取行李箱、货物、客票，去邮局代取邮件、包裹等。

◆修，代客人修理行李箱、鞋子、摄影器材、手提电脑、手表、眼镜等。

◆订，指代订其他城市的酒店、订餐、订报纸、订车、订船、订活动场地等，约定按摩师、医师、导游、裁缝等。

◆印，根据客人的要求为客人印名片、胸卡等。

◆寄，就是指代寄邮件、包裹、特快专递等。

◆代，就是代办签证、旅游，为长住客人安排度假等。

◆租，就是出租自驾车服务，出租自行车、照相机、电话等。

二、总台接待服务礼仪规范

（一）接待服务礼仪

（1）客人离总台3米远时，应予以目光的注视。客人来到台前时，应面带微笑热情问候，然后询问客人的需要，并主动为客人提供帮助。如客人需要住宿，应礼貌询问客人有无预订。

（2）高峰时段接待客人较多，要按顺序依次办理，注意“接一顾二招呼三”，即手里接待一个，嘴里招呼一个，通过眼神、表情等向第三个传递信息，使顾客感受到尊重，不被冷落。

（3）验看、核对客人的证件与登记单时要注意礼貌，“请”字当头，确认无误后，要迅速交还证件，并表示感谢，说“谢谢，请收好”。当知道客人的姓氏后，应尽早称呼姓氏，让客人感受到热情亲切和尊重。

（4）给客人递送单据、证件时，应上身前倾，将单据、证件文字正对着客人双手递上；若客人签单，应把笔套打开，笔尖对着自己，右手递单，左手送笔。

（5）敬请客人填写住宿登记单后，应尽可能按客人的要求安排好房间。把客房钥匙交给客人时，应有礼貌地介绍房间情况，并祝客人住店愉快。

（6）如果客房已客满，要耐心解释，并请客人稍等，看是否能腾出空房。此外，还可为客人推荐其他酒店，主动打电话联系，并热忱欢迎客人下次光临。

（7）重要客人入住后，要及时用电话询问客人："这个房间您觉得满意吗？""您还有什么事情，请尽管吩咐，我们随时为您服务。"以体现对客人的尊重。

（8）客人对酒店有意见到总台陈述时，要微笑接待，以真诚的态度表示欢迎，在客人说话时应凝神倾听，绝不能与客人争辩或反驳，要以真挚的歉意，妥善处理。

（9）及时做好宾客资料的存档工作，以便在下次接待时能有针对性地提供服务。

（二）预订服务礼仪

（1）客人到柜台预订，要热情接待，主动询问需求及细节，并及时予以答复。若有符合客人要求的房间，要主动介绍设施、价格，并帮助客人填写订房单；若没有符合客人要求的房间，应表示歉意，并推荐其他房间；若因客满无法接受预订，应表示歉意，并热心为客人介绍其他酒店。

（2）客人电话预订时，要及时礼貌接听，主动询问客人需求，帮助落实订房。订房的内容必须认真记录，并向客人复述一遍，以免出现差错。因各种原因无法接受预订时，应表示歉意，并热心为客人介绍其他酒店。

（3）受理预订时应做到报价准确、记录清楚、手续完善、处理快速、信息资料准确。

（4）接受预订后应信守订房承诺，切实做好客人来店前的核对工作和接待安排，以免出现差错。

（三）问讯服务礼仪

（1）客人前来问讯，应面带微笑，注视客人，主动迎接问好。

（2）认真倾听客人问讯的内容，耐心回答问题，做到百问不厌、有问必答、用词恰当、简明扼要。

（3）服务中不能推托、怠慢、不理睬客人或简单地回答“不行”、“不知道”。遇到自己不清楚的问题，应请客人稍候，请教有关部门或人员后再回答，忌用“也许”、“大概”、“可能”等模糊语言应付客人。

（4）带有政治敏感性的问题或超出业务范围不便回答的问题，应表示歉意。

（5）客人较多时，要做到忙而不乱、井然有序，应先问先答、急问快答，使不同的客人都能得到适当的接待和满意的答复。

（6）接收客人的留言时，要记录好留言内容或请客人填写留言条，做到认真负责，按时按要求将留言转交给接收人。

（7）在听电话时，看到客人来临，要点头示意，请客人稍候，并尽快结束通话，以免让客人久等。放下听筒后，应向客人表示歉意。

（四）入住登记与结账服务礼仪

1. 入住登记礼仪规范

◆迎宾，1～1.5 米，面带微笑。

◆询问客人是否有预订，有，查找订单；无，介绍房间。

◆请客人出示有效证件，为其登记。

◆打印入住登记单，正面双手交予客人。

◆确认付款方式并收取订金，然后双手为客人递送钥匙并祝客人入住愉快。之后，示意行李员引领客人进入房间。

◆在入住登记时，对有客史档案的客人应充分考虑客人的生活习惯。

2. 结账礼仪规范

◆礼貌地收回房门钥匙及房卡。

◆通知楼层服务员迅速检查房间，以免有客人遗留物品或房间物品有丢失或损坏现象。

◆要委婉地问客人是否还有其他临时消费（如电话费、饮料消费等），以免漏账，给酒店造成损失。

◆确认无误后，将账单、发票装入信封，用双手递送给客人，请客人确认，并礼貌地送别客人。

（五）商务中心礼仪服务规范

1．商务中心

其主要职责是为客人提供打字、复印、传真、订票等各种服务。

2．礼仪规范

◆起立、向客人问好、表示欢迎。

◆用礼貌用语询问客人的需求。

◆按客人的要求为客人提供正确、快捷的服务。

◆告知客人服务完毕，在客人的同意下，完成客人要求的其他服务。递送物品时要双手递送。

◆礼貌地请客人支付费用。

◆提醒客人不要遗留物品在商务中心，微笑目送客人。

【案例】

某日，一位在北京丽都假日酒店长住的客人到该店前台收银处支付一段时间在店内用餐的费用。当他一看到打印好的账单上面的总金额时，马上火冒三丈地讲：“你们真是乱收费，我不可能有这样的高消费！”收银员面带微笑地回答客人说：“对不起，您能让我再核对一下原始单据吗？”客人当然不表示异议。收银员一边开始检查账单，一边对客人说：“真是对不起，您能帮我一起核对吗？”客人点头认可，于是和收银员一起对账单进行核对。在此期间，那位收银员顺势对几笔大的账单金额（如招待宴请访客以及饮用名酒……）作了口头提示以唤起客人的回忆。等账目全部核对完毕，收银员有礼貌地说：

"谢谢，您帮助我核对了账单，耽误了您的时间，费神了！"客人听罢连声说："小姐，麻烦你了，真不好意思！"

（资料来源：您能帮我核对一下吗？http://www.17u.com/news/shownews_53941_0_n.html,2008-06-16.）

分析：从这个案例中你得到了什么启示？

____

____

____

（六）电话接听礼仪

（1）坚守岗位，集中精神，在接待服务中坚持使用礼貌用语，避免使用"喂"、"我不知道"、"我现在很忙"、"什么"等语句。

（2）接听电话动作要迅速，不让电话铃响超过三声；主动问候对方"您好"，自报店名和岗位，热忱提供帮助。如果业务繁忙，在铃响三声后接听，应向顾客致以歉意："对不起，让您久等了！"

（3）用电话沟通时，嘴唇与话筒宜保持约1寸距离，若靠得太近，声音效果不好；使用左手接听电话，以方便右手做必要的记录。

（4）要面带微笑，语言热忱亲切、甜美友善，语调不宜太高，语速不宜太快，用词要简练得当。

（5）熟悉常用号码，按客人的要求迅速准确地转接电话。若转接的电话无人接听，忌用"不在"打发客人，应主动询问是否需要留言。

（6）随时在电话旁准备好便条纸和笔，当客人留言时，要认真聆听和记录，留言要重复一遍确认，并跟进、履行对客人的承诺，做到热心、耐心和细心。

（7）为客人接转电话和查找资料时，不能让对方等候电话超过 15 秒钟。要对方等候电话时，应向其表示歉意："对不起，请您稍候。"如果一时未能查清，应及时向对方说明："正在查找，请您再稍等一会。"

（8）讲究职业道德，尊重他人隐私，不偷听他人电话。

（9）通话结束后，应热情道谢告别，待对方挂断电话后，方可挂掉电话。

（七）投诉处理礼仪

酒店的每一位服务人员都可以成为客人投诉的受理者，客人投诉一般都有求发泄、求尊重、求补偿的心理，受理客人的投诉时，要正确理解客人，聆听客人的怨言，要给客人发泄的机会，尊重客人，不与其争辩；诚恳友善，用恰当的方式称呼客人。倾听客人说话时，目光要正视对方，及时将投诉事项记录下来，对客人愿意把问题告诉自己表示感谢，把要采取的措施及解决的方法与时限告诉客人，并征求客人的同意，事后及时回访，确认投诉得到妥善处理。

1. 投诉原因

（1）酒店方面原因。

◆服务形象不佳

◆服务技艺不够娴熟

◆设备设施质量问题

◆管理不善

（2）客人方面原因。

◆客人情绪低落需要发泄

◆客人醉酒

◆客人对酒店方面的政策与制度不了解或产生误解

（3）第三方原因。

◆恶劣的天气

◆航班取消或改期

2. 客人投诉的类型

◆理智型投诉

◆发泄型投诉

◆补偿型投诉

3. 处理投诉的技巧

◆对客人的投诉要表示出欢迎与感谢的态度

◆认真聆听客人的投诉，不能推卸责任

◆认真做好笔记

◆快速查找原因，对客人反映的事情展开调查，为客人解决问题，如果客人投诉超出自己的权限，应立即向上级报告，如属于暂时不能解决的投诉，要耐心地向客人解释，获得客人的原谅

任务准备

一、团队组建

（1）视全班人数而定将学生分成若干小组，选出组长，分工合作。

（2）以小组为单位，按顺序把学生的桌椅拼起来，最后把课室中间留空，用作学生模拟练习或表演的场地。

组名		组号	
模拟情景名称			
组长姓名		负责工作	
组员姓名	联系电话	负责工作	
情景对话设计			

二、教师下发任务书

任务书

1. 任务目标

（1）进行前厅门童迎送服务礼仪规范练习。

（2）进行前厅电话预订服务礼仪规范练习。

（3）进行商务中心服务礼仪规范练习。

（4）进行入住服务礼仪与结账服务礼仪规范练习。

2. 任务要求

（1）以 3 ~5 人为一组，在任务目标中 4 选 3 进行情景设计与演绎。

（2）进行情景模拟时，要认真，角色分工要明确。

（3）情景模拟的道具自备，并事先准备好。

（4）时间控制在 10 分钟内。

任务实施

一、案例分析

【案例】“女士优先”应如何体现

在一个秋高气爽的日子里，迎宾员小贺，着一身剪裁得体的新制服，第一次独立地走上迎宾员的岗位。一辆白色高级轿车向饭店驶来，司机熟练而准确地将车停靠在饭店豪华大转门的雨棚下。小贺看到后排坐着两位男士，前排副驾驶座上坐着一位身材较高的外国女宾。小贺一步上前，以优雅的姿态和职业性的动作，为后排客人打开车门，做好护顶并目视客人，礼貌亲切地问候，动作麻利而规范，一气呵成。关好车门后，小贺迅速走向前门，准备以同样的礼仪迎接那位女宾下车，但那位女宾满脸不悦，使小贺茫然不知所措。

（资料来源：“女士优先”应如何体现．http：//www. yxlady. com/convenance/2009 - 08 - 05/260241. shtml，2009 - 08 - 05.）

分析：通常后排座为上座，一般凡有身份者皆在此就座。优先为重要客人提供服务是饭店服务程序的常规。这位女宾为什么不悦？小贺错在哪里？

____

____

____

【案例】难道这就是五星级服务

一天上午，某公司在一家五星级酒店的多功能会议厅召开会议。期间，该公司职员李小姐来到商务中心发传真，发完后李小姐要求借打一个电话给总公司，询问传真稿件是否清晰。

“这里没有外线电话。”商务中心的服务员说。

“没有外线电话稿件怎么传真出去的呢？”李小姐不悦地反问。

服务员：“我们的外线电话不免费服务。”

“我已预付了 20 元传真费了。”李小姐生气地说。

服务员：“我收了你的传真费，并没有收你的电话费啊！更何况你的传真费也不够。”

李小姐说：“啊，还不够？到底你要收多少呢？开个收据我看一看。”

“我们传真收费的标准是：市内港币 10 元/页；服务费港币 5 元；3 分钟通话费港币 2 元。你传真了两页应收港币 27 元，再以 1：1.08 的比价折合成人民币，我们要实收人民币 29.16 元。”服务员立即开具了传真费和电话费的收据。

李小姐问：“传真收费还有电话收费是根据什么规定的？”

“这是我们酒店的规定。”服务员出口便说。

李小姐：“请你出示书面规定。”

“这不就是价目表嘛。”服务员不耐烦地回答说。

李小姐：“你的态度怎么这样？”

“你的态度也不见得比我好呀。”服务员反唇相讥。

李小姐气得付完钱就走了，心想：“五星级服务，难道就是这样的吗？”

（资料来源：难道这就是五星级的服务 . http://blog. sina. com. cn/s/blog_5d8f22df0100dhcx. html,2009 - 06 - 04. ）

分析：服务员这样有做错吗？主要错在哪里？如果你是这位服务员，你会如何做？

____

____

____

二、前台办理入住服务礼仪模拟情景对话

【情景对话一】

接待员：您好！先生。请问您要住宿吗？

客人：是的。

接待员：请问您有预订吗？

客人：有的，新达有限公司昨天给我订的房间。

接待员：好的，请稍等。让您久等了。您是王先生，对吗？

客人：是的。

接待员：王先生，给您安排的房间是 1718 房，这豪华房既漂亮又舒适，您一定会喜欢。

客人：那太好了。

接待员：您的房间是 1718 房，17 楼 18 号房，5 月 3 日离店，您还有什么需要吗？

客人：没有了。

接待员：您所有的费用都由新达有限公司结算，请确认入住登记表上的内容，请您在这里签字。

客人：好的。

接待员：谢谢。这是您的身份证、房卡和钥匙，请您保管好。现在是晚餐时间，您可以去酒店二楼用餐。

客人：好的。

接待员：请走好。电梯在前台的右边，祝您住店愉快。

客人：谢谢。

【情景对话二】

服务员：您好，先生。

客人：您好。请问有房间吗？

服务员：请问要多少个房间？

客人：我们四个人，要两个双人房。

服务员：请稍等。对不起，让您久等了，我们这里还有普通套房，每间每晚 120 美元，您需要吗？

客人：好的。

服务员：请问诸位要住多少天？

客人：三天。

服务员：请出示您的身份证，并填写入住登记表。

客人：好的。

服务员：请问您是用现金还是信用卡付款？

客人：现金。

服务员：好的，请您先预付 600 美元。

客人：好的。

服务员：谢谢。请稍等。这是您的收据，这是您的身份证、房卡，您的房间在八楼，804 与 805 房间。电梯在左侧，请慢走。

客人：好的。

服务员：祝您住店愉快。

客人：谢谢。

温馨提示　以小组为单位，按上述对话进行前厅服务礼仪规范练习，在练习的过程中要注意讲话的语气与手势等。

三、门厅迎送及行李员服务礼仪情景模拟

情景如下：一辆高级轿车停在酒店门口……

温馨提示　以小组为单位，讨论、编写情景对话。在情景中，要包括问题的设置与解决的方法在内。按门厅迎送与行李员服务礼仪的规范进行角色扮演（一名门卫迎送员、一名行李员、一名经理、两名乘客）。

四、前台电话问讯服务礼仪训练

训练访客查询留言服务礼仪

【情景对话】

问讯员：您好！这里是问讯处。请问有什么可以帮您的吗？

客人：您好！我想找陈伟先生，你能告诉我他的房号吗？

问讯员：是“耳东”陈、“伟大”的“伟”吗？请稍等。对不起，陈伟先生不在房间。

客人：哦，我给他留言吧。

问讯员：好的，请问您怎样称呼？

客人：李超海。

问讯员：李超海先生，您好！请说出您留言的内容，好吗？

客人：告诉他原定今天19:30的会面现改为18:30，请他在二楼的西餐厅等我。

问讯员：好的。您告诉陈伟先生原定今天19:30的会面现改为18:30，请他在二楼的西餐厅等您，对吗？

客人：是的。

问讯员：李先生，我会按您的要求及时转达。请放心。

客人：好。谢谢！

问讯员：不客气。能为您做事我感到非常荣幸！李先生，再见！

训练住客查询留言服务礼仪

【情景对话】

问讯员：您好！这里是问讯处，有什么可以帮您吗？

客人：请问，有我的留言吗？我是506房的客人。

问讯员：请问您贵姓？

客人：我叫陈伟。

问讯员：陈先生，这里有李超海先生给您的留言。他说原定今天19:30的会面现改为18:30，请您在二楼的西餐厅等他。

客人：好，知道了，谢谢！

问讯员：不客气，很愿意为您效劳。再见！

客人：再见！

五、商务中心服务礼仪规范训练

情景如下：一位客人急急忙忙地走进了商务中心的大门……

温馨提示　按商务中心服务礼仪规范完成情景对话的编写，并进行角色扮演训练。

评价反馈

完成本次任务后，你有何收获？

____

____

____

综合能力评价表

内容		评价		
学习目标	评价目标	个人自评	小组评价	老师评价
门厅迎送服务礼仪规范	语言沟通能力	Yes No	Yes No	Yes No
	服务礼仪规范	Yes No	Yes No	Yes No
	解决问题能力	Yes No	Yes No	Yes No
电话预订服务礼仪规范	语言沟通能力	Yes No	Yes No	Yes No
	服务礼仪规范	Yes No	Yes No	Yes No
	解决问题能力	Yes No	Yes No	Yes No
商务中心服务礼仪规范	语言沟通能力	Yes No	Yes No	Yes No
	服务礼仪规范	Yes No	Yes No	Yes No
	解决问题能力	Yes No	Yes No	Yes No
入住服务礼仪与结账服务礼仪规范	语言沟通能力	Yes No	Yes No	Yes No
	服务礼仪规范	Yes No	Yes No	Yes No
	解决问题能力	Yes No	Yes No	Yes No
建议：		评价汇总： A. 优秀 B. 良好 C. 基本掌握		
努力的方向：				

思考与练习

1. 前厅由哪几部分构成？
2. 了解“金钥匙”的由来及其服务理念。
3. 根据案例的内容，写出下面接电话时的情景对话内容……

（1）对方要找人事部陈经理，你告知陈经理不在……

（2）对方打错电话……

（3）客人打电话预订客房……

情景二　客房服务礼仪

●学习目标

1. 按要求运用客房楼层服务的礼仪做好接待工作。
2. 按要求运用宾客住店期间的日常服务礼仪做好接待工作。
3. 按要求运用宾客离店时的礼仪做好接待工作。

学习任务

1. 组建学习小组。
2. 利用网络搜索、查阅相关书籍等方式，收集客房服务员为宾客服务的礼仪要求等相关信息。

任务引入

阅读下面的案例，回答后面的问题。

【案例】

服务员小马是位新员工，经过3个月的岗前培训之后，第一天上班被分配到酒店6楼做值台员。她对做好客房服务充满了信心。某天有两位港客入住，小马立刻迎上前去，微笑着说："先生，欢迎入住本酒店，请跟我来。"小马为客人办好入住手续后，领他们走进房间，为他们沏好两杯茶放在茶几上，说道："先生，请用茶。"接着，她开始介绍客房设施、设备。这时，其中一位客人打断她的话，说："知道了。"但小马仍然继续说："这是电冰箱，桌上文件夹内有入住须知和电话指南……"未等她说完，另一位客人掏出一张面值50元的港币不耐烦地递给她。这时，小马愣住了，一片好意被拒绝甚至误解，使她感到很委屈，她涨红着脸对客人说："对不起，先生，我们不收小费，谢谢您！如果没有别的事，那我就先告退了。”

分析：小马的服务程序有错吗？为什么她的服务不受客人欢迎？如果你是客房服务员，你该如何处理这种情况？

____

____

____

任务布置

1. 阅读课文

2. 带着以下问题，观看视频

（1）酒店客房服务人员的形象有什么要求？

（2）酒店客房服务主要围绕客人的哪些活动提供接待服务？

（3）宾客进入客房楼层时有哪些主要的服务礼仪？

（4）宾客住店期间的日常服务礼仪主要有哪些？

（5）宾客离店时的服务礼仪要注意什么？

知识链接

客房是酒店的一个重要组成部分，客房收入是酒店经济收入的主要来源之一。客房服务主要是围绕宾客住宿活动展开的，以宾客来、住、离等活动规律为主线，以满足宾客要求、提高服务质量使宾客满意而归为目的。宾客来、住、离的服务礼仪贯穿客房服务的始终，在为宾客提供礼貌服务过程的同时，也是客房实现优质服务的过程。

一、楼层接待服务礼仪

◆在客人抵达前，要整理好房间，检查设备用品是否完好、充足，调节好房间的温度和湿度，为客人提供清洁、整洁、卫生、舒适、安全的客房。

◆楼层服务员接到来客通知，要在电梯口迎接，主动问候客人：“先生（小姐）您好，一路辛苦了，欢迎光临！”如果是常客，要称呼客人的姓氏。

◆引导客人出电梯，主动帮助客人，征得同意后帮助其提携行李。

◆引领客人到客房，到达房间门口时先开门、开灯，侧身一旁，敬请客人进房，然后放置好客人的行李物品。

◆根据客人实际情况，礼貌介绍房间设备及其使用方法，简要介绍酒店内的主要服务设施及其位置、主要服务项目及服务时间，帮助客人熟悉环境。房内有需要收费的饮料食品和其他物品，要婉转地说明。

◆接待服务要以客人的需要为准，体现为客人着想的宗旨。若客人不想被打扰，需要安静的休息时，服务人员应随机应变，简化某些服务环节。

◆在问清客人没有其他需求后，应向客人告别，立即离开。可说“请好好休息，有事尽管吩咐，请打电话到服务台”，并祝客人住宿愉快。退出房间后，轻手将门关上。

二、日常服务礼仪

宾客住店期间的日常服务范围广、项目多，劳动强度大、服务繁重琐碎，需要服务人员有良好的身体素质、较强的责任感和动手能力，工作要细致耐心。

1. 客房清洁服务礼仪

(1) 客人一旦入住，客房即成为其私人空间。服务人员不能随意进出该房间，整理房间应尽量避免打扰客人的休息与工作，最好在客人外出时进行；动用客房内的任何一样东西，都应事先征得客人同意。

(2) 有事需要进入客房时，必须讲究礼貌。先按门铃两下，未见动静，再用中指关节有节奏地轻敲房门，每次为三下，一般为两次，同时自报“Housekeeping”，在听到客人肯定的答复或确信房间内无人后方可进入。进入客房，不论客人是否在房间，都应将房门敞开。

(3) 敲门时，对可能出现的各种情况应该灵活处理：门已经打开或客人来开门，要有礼貌地向客人问好，并征得客人允许，方可进入客房服务；房间内无人应答，进房后发现客人在房间或在卫生间，若客人穿戴整齐，要立即向客人问好，并征询客人意见，是否可以开始工作；若客人衣冠不整，应马上道歉，退出房间并把门关好。

(4) 打扫客房时，不得擅自翻阅客人的文件物品，打扫完后物品应放在原处，不能随意扔掉客人的东西，如便签、纸条等；不可在客人房间看电视、听音乐；不可用客人的卫生间洗澡；不可取食客人的食品；不得接听客人的电话。

(5) 清扫时，如宾客在交谈，不要插话，更不能趋近旁听，不向客人打听私事；如客人挡道，应礼貌打招呼，请求协助。

(6) 客房清洁过程中，遇到客人回来，服务员要礼貌地请客人出示房间钥匙或房卡，以确定是该房间的客人，并询问客人是否可继续整理。如果客人需要整理，应尽快完成，以便客人休息。

(7) 打扫完毕，不要在客房逗留。如客人在房间，离开时应轻声说：“对不起，打扰了，谢谢!”然后礼貌地后退一步，再转身走出房间，轻轻关上门。

(8) 清扫时，遇到宾客外出或回房间，都要点头微笑问候，切勿视而不见，不予理睬。在楼道中遇到客人，在离客人3米远处开始注视客人，放慢脚步，1米远时向客人致以问候，楼道狭窄时要侧身礼让客人。

(9) 工作时，不能与他人闲聊或大声说话，做到说话轻、走路轻、操作轻。在过道内行走，不要并行，不得超越同方向行走的客人。遇事不要奔跑，以免造成紧张气氛，如有急事需要超越客人应表示歉意。

2. 访客接待礼仪

（1）尽量记住住宿客人的姓名、特征等，并注意保守客人的秘密，不将客人的房号、携带物品及活动规律等告诉无关人员，不要给客人引见不认识的人员。

（2）访客来访时，应礼貌问好，询问拜访哪位客人，核对被访者姓名、房号是否一致。在征得客人同意后，请访客办理登记手续，才能指引访客到客人房间。未经客人允许，不要将来访者带入客人房间。

（3）若访客不愿意办理来访登记手续，应礼貌耐心地解释，并注意说话技巧，打消来访者的顾虑，求得对方配合；如访客执意不登记，应根据来访者与被访者的身份、关系、来访目的与时间，酌情处理。

（4）若住客不愿见访客，要礼貌委婉说明住客不方便接待客人，不要将责任推给住客，同时不能让访客在楼层停留等待，应请访客到大堂问讯处，为其提供留言服务。

（5）住客不在时，若有访客带有客房钥匙要进房取物，服务人员要礼貌了解访客对住客资料的掌握程度及与住客的关系；若有访客带有住客签名的便条但无客房钥匙，服务员应将便条拿到总台核对签名。确认无误后办理访客登记手续，然后陪访客到客房取物品。住客回店后，服务员应向住客说明。

（6）如客人外出，交代来访者可以在房内等待，服务员应仔细询问来访者的姓名及特征，经过辨别确认后，请来访者办理访客登记。如访客要带物品外出，服务员应及时询问，并做好记录。

（7）宾客接待来访者时，要按客人的要求，备足茶杯、供应茶水。

（8）服务员在岗时要保持相应的警觉性，对可疑来访者应上前有礼貌地询问清楚，坚持原则、刚柔相济，杜绝不良人员制造事端。

3. 其他服务礼仪

（1）客人需要送洗衣物时，应认真核对件数、质料、送洗项目和时间，检查口袋里有无物件、纽扣有无脱落、衣物有无破损或严重污点等。

（2）客人委托代订、代购和代修的事项要询问清楚，详细登记并重复确认，及时为客人服务。客人合理的随机服务要求，要快捷高效完成，不可无故拖延。

（3）服务员不得先伸手与客人握手，不抱玩客人的孩子，不与客人过分亲热；与客人接触，应注意文明礼貌，有礼有节，不卑不亢。

三、离店服务礼仪

◆得知客人离店的日期后，服务员要热情关照客人，仔细检查客人委托代办的项目是否已经办妥，主动询问是否需要提供用餐、叫醒、出租车等服务，主动询问客人意见，认真记录，并衷心感谢，但不要强求或过多耽误客人时间。

◆客人离房要送至电梯口，礼貌道别，并欢迎客人下次光临。对重要客人和老弱病残者要送至前厅，并给予特别照顾。

◆客人离房后要迅速检查房间，查看有无遗留物品，房间内的各种配备用品有无损坏或缺失，各种需要收费的饮料食品和物品有无消耗。如果发现遗留物品应尽可能归还原主，如果客人已走，则按酒店的遗留物品处理规定保管和处理。如果发现物品缺失或损坏，应立即打电话与总台联系，机智灵活处理，不可伤害客人的感情和自尊心。

四、客房服务人员工作过程中的应变礼仪

1. 宾客在住宿期间生病如何处理

宾客在住宿期间生病，服务员应主动询问是否需要到医院就诊，并给予热情关照，切不可自行给客人用药或代客买药。若客人患突发性疾病，应立即报告上司或大堂副理，及时联系急救站或附近医院，不可拖延时间。

2. 宾客住店期间喝醉酒如何处理

宾客住店期间，若发生酗酒现象，服务员应理智、机警地处理，尽量安置酗酒客人回房休息，并注意房内动静，必要时应采取措施。对醉酒吵闹的客人，要留意其动静，避免出现损坏客房设备、卧床吸烟而引起火灾、扰乱其他住客或自伤等事件，必要时通知上司和保安部人员。

对醉酒酣睡的客人，要同保安人员一起扶客人进房，同时报告上司，切不可单独搀扶客人进房或为客人解衣就寝，以防客人醒后产生不必要的误会。

3. 客人称钥匙遗忘在客房，作为服务员如何处理

客人称钥匙遗忘在客房，要求服务员为其开房门时，应请客人出示住房卡，核对日期、房号、姓名等，确认无误后，方可为其开门。若客人没有住房卡，应请客人到总台核对身份，确认无误后，方可为其开门。

4. 客人在客房内丢失财物，如何处理

客人在客房内丢失财物，服务员应安慰并帮助客人回忆财物丢失的过程，同时向上司和保安部报告，协助有关人员进行调查，不能隐情不报或是自行其是。

5. 因酒店设施问题致使客人受伤时，如何处理

（1）事情发生后，要立即安慰客人（如果是轻伤，可及时采取措施），向领导汇报。

（2）向客人表示歉意，如：“对不起，由于我们工作的疏忽，让您受伤了，我们感到不安，请原谅。”

（3）对该客人在服务上给予特殊的照顾。

6. 有急事要找正在谈话的客人时，如何处理

（1）不应冒失地打断客人的谈话，应有礼貌地站在客人的一旁，双目注视着客人。

（2）客人一般都会意识到你有事要找他，便会主动停下谈话，向你询问，这时首先应向其他客人表示歉意：“对不起，打扰你们一下。”然后向所找客人讲述要找他的事由。

（3）说话时简明扼要，待客人答复后，向其他客人表示歉意：“对不起，打扰你们了。”

7. 在听工作电话时，又有客人来到面前，如何处理

（1）点头示意，以示与客人打招呼，表达请客人稍等之意。

（2）尽快结束通话，以免让客人久等。

（3）放下电话后，先向客人道歉："对不起，让您久等了。"

（4）不能因为自己正在听电话，客人来到面前也视而不见，冷落客人。

任务准备

一、团队组建

（1）视全班人数而定将学生分成若干小组，选出组长，分工合作。

（2）以小组为单位，按顺序把学生的桌椅拼起来，最后把课室中间留空，用作学生模拟练习或表演的场地。

二、教师下发任务书

任务书

1. 任务目标

（1）模拟楼层接待服务礼仪规范操作。

（2）模拟访客接待服务礼仪规范操作。

（3）模拟客人离店服务礼仪规范操作。

（4）模拟客房服务员应变礼仪规范操作。

2. 任务要求

（1）在教师指导和辅助下，以3～5人为一组，利用网络等先进手段进行情景剧的编写。

（2）进行情景模拟时，要认真对待，角色要进行明确分工。

（3）情景模拟的道具自备，并事先准备好。

（4）每个情景剧控制在10分钟内。

任务实施

一、楼层接待服务礼仪训练

【情景对话】

客房楼层服务员刘海接到总台通知，来自山东的李小姐刚刚办理完入住手续，正由行

李员引领前往客房，当电梯门一开，刘海已在电梯口迎接李小姐的到来……

温馨提示 以小组为单位，讨论、编写完成以上情景对话，并按楼层接待服务礼仪的规范进行角色扮演（一名服务员、一名客人）。

二、访客接待服务礼仪训练

【情景对话】

一天，华联酒店的商务楼层 15 楼来了一男一女打扮时尚的两位客人，这天正好李冰当值，她见两位客人走出电梯门口，主动迎了上去……

温馨提示 以小组为单位，讨论、编写完成以上情景对话，并按访客接待服务礼仪的规范进行角色扮演（一名服务员、一名或两名客人）。

三、客人离店服务礼仪训练

【情景对话】

新华酒店 1503 房的客人打电话给前台服务员要求退房……

温馨提示 以小组为单位，讨论、编写完成以上情景对话，并按离店服务礼仪的规范进行角色扮演（一名服务员、一名或两名客人）。

四、工作中遇到问题的应变礼仪训练

【情景训练一】客人离房时，客房服务员检查发现一只烟灰缸不翼而飞，怎样与客人沟通才能既追回物品又无损客人自尊？

【情景训练二】遇到刁难的客人，应如何处理？

【情景训练三】当客人反映设备不好时，如何处理？

温馨提示 以小组为单位，进行讨论并进行情景模拟。

评价反馈

完成本次任务后，你有何收获？

____

____

____

楼层接待服务礼仪训练评价表

评价内容	评价标准	个人自评	小组评价	老师评价
仪容仪表	着装得体、面容清洁、发型美观、不佩戴饰物	Yes No	Yes No	Yes No
	表情自然，精神饱满	Yes No	Yes No	Yes No
仪态礼仪	站立时头正、肩平、目光平视、挺胸、收腹、并腿	Yes No	Yes No	Yes No
	举止端庄稳重，手势规范适度	Yes No	Yes No	Yes No
	行走时要轻而稳，双臂自由摆动	Yes No	Yes No	Yes No
迎宾礼仪	面带微笑，行鞠躬礼，表示对客人的欢迎	Yes No	Yes No	Yes No
	要做到五个服务：主动服务、站立服务、微笑服务、灵活服务、敬语服务	Yes No	Yes No	Yes No
	五声：欢迎声、告别声、致谢声、道歉声、慰问声	Yes No	Yes No	Yes No
	文明用语十个字：您好、请、谢谢、对不起、再见	Yes No	Yes No	Yes No
引领服务	礼貌地让客人出示房卡，确认房号、签名、住宿日期	Yes No	Yes No	Yes No
	带客人入房时，要视房间位置走在客人侧前方约1米处；引领客人时，遇到拐弯、上楼梯，则应停下来向客人示意	Yes No	Yes No	Yes No
	到房门口，放下行李，轻敲房门，用客人的钥匙打开房门后退出，示意客人先进入房间	Yes No	Yes No	Yes No
	服务员提行李进房后，要征询客人意见，摆好客人的行李	Yes No	Yes No	Yes No
房内介绍	向客人简单介绍房内设施设备、酒店项目	Yes No	Yes No	Yes No
	征询客人的意见，询问是否还需要其他的协助，告诉客人客房服务中心的电话，以便有事时联系	Yes No	Yes No	Yes No
礼貌离房	最后向客人道别并祝客人住店愉快，然后退出房间，轻轻将门关上	Yes No	Yes No	Yes No
努力的方向：		建议：		

综合能力评价表

内容		评价		
学习目标	评价目标	个人自评	小组评价	老师评价
访客接待服务礼仪规范	语言沟通能力	Yes No	Yes No	Yes No
	服务礼仪规范	Yes No	Yes No	Yes No
	解决问题能力	Yes No	Yes No	Yes No
客人离店服务礼仪规范	语言沟通能力	Yes No	Yes No	Yes No
	服务礼仪规范	Yes No	Yes No	Yes No
	解决问题能力	Yes No	Yes No	Yes No
建议：		评价汇总： A. 优秀 B. 良好 C. 基本掌握		
努力的方向：				

思考与练习

1. 客房服务人员如何做好客人到店、住店、离店三个阶段的礼仪服务工作。

2. 填写下列客房服务用语：

（1）请求客人打开房门时应说：________________

（2）请访客在大厅就座后，应说：________________

（3）给客人加婴儿床时应说：________________

（4）如客人的物品寄存在前台，应提醒客人说：________________

（5）给客人开夜床时，应说：________________

（6）访客来找客人，而客人不在自己的房间时，应对客人说：________________

情景三　餐厅服务礼仪

●学习目标

1. 运用餐前服务礼仪做好接待工作。
2. 运用优质迎送服务礼仪做好接待工作。
3. 运用令客人称心的餐厅服务礼仪做好接待工作。
4. 运用周到的宾客结账服务礼仪做好接待工作。

学习任务

1. 组建学习小组。
2. 带着以下问题阅读课文。

(1) 酒店餐厅服务员的形象有什么要求?

(2) 餐厅服务员主要在哪些服务环节为客人提供接待服务?

(3) 在餐前准备工作、引领客人到座位、客人用餐过程中以及客人结账时，餐厅服务人员需要遵守哪些礼仪规范?

(4) 西餐服务有哪些基本礼仪?

任务引入

阅读下面的案例，回答后面的问题。

【案例】

一位外宾住在杭州大酒店，晚上到餐厅用餐的时候，引位员很有礼貌地用英语向他问候说：“晚上好，先生！请问您有没有预订?”客人微微一笑，回答说：“晚上好，我就住在你们的酒店，不用预订，现在想用餐。”引位员没有听明白，仍然问客人有没有预订，客人不耐烦地告诉引位员，前台让他来这里用餐，并拿出住宿卡让她看。引位员看后，急忙带客人走进餐厅。

“您请坐。”引位员把客人引到一张靠窗的餐桌前。奇怪的是，客人不肯坐下，并摇着头说出一串引位员听不懂的英语。引位员愣愣地看着客人，不知道该怎样办好。

这时一位英语比较好的服务员过来帮忙。经过询问才清楚，原来客人要在饭店西餐厅用餐，但他不知道西餐厅的位置，错进了中餐厅。而引位员在没有搞清楚的情况下，就把客人引了进来。

引位员听明白后，忙向客人道歉，并主动引领客人去了西餐厅。

“晚上好，先生。欢迎您来到这里，请问您是否住在我们酒店？”西餐厅的引位员微笑着问候客人。

“晚上好，小姐。这是我的住宿卡。”客人满意地回答。

临进餐厅前，客人又转过身对中餐厅的引位员说：“你应该像这位小姐那样服务。”

（资料来源：餐饮服务案例 . http://www. doc88. com/p – 7788001192546. html，2014 – 01 – 12. ）

分析：从这个案例中反映出什么问题，作为一名高水平的服务人员，应如何遵守服务工作？

____

____

____

【案例】

一天晚上，刘先生和一位美国朋友到一高级酒店就餐。服务员热情地为他们点菜、斟酒、上汤、上饭。服务员在服务期间满脸微笑，手疾眼快，一刻也不闲着：上菜时即刻报菜名，见客人杯子空了马上斟酒，见菜碟的菜没有了立刻布菜，见菜碟上的骨刺皮壳多了随即更换，见米饭没了赶紧添……她站在旁边忙上忙下，并不时用英语礼貌地询问两位还有何需要，搞得他们拘谨起来。

外宾从口袋里拿出香烟，抽出一支拿在手里，然后对刘先生说：“这里的服务员简直太热情了，不过……”“先生，请您抽烟。”服务员见外宾手里拿着香烟，忙从口袋里拿出打火机，熟练地打着火，送到客人面前为他点烟。“喔……好，好！”外宾忙把烟叼在嘴里迎上去点烟，样子颇显狼狈。

烟点着后，他忙向服务员说了两声：“谢谢！”见服务员又在忙着往他的碟子里添菜，他赶忙熄灭香烟，用手阻止说：“谢谢，还是让我自己来吧。”服务员随即把烟缸拿去更换。

“刘先生，我们还是赶快吃完走吧，这里服务太周到了，就是让人有点透不过气来。”外宾说完便急忙用餐。

当服务员给他们上最后一道菜时，他们谢绝了她的布菜，各自吃两口便要求结账了。服务员为他们送账单时，不停地询问对服务的感觉，是否有什么不满意的地方，刘先生和外宾只好不停地以“喔”、“喔”应对，并以最快的速度离开了餐厅。

（资料来源：餐厅服务礼仪. http://www.docin.com/p-501340174.html，2012-12-18.）

分析：小王的服务周到吗？为什么客人要急忙结账？如果你是她，你会如何应对？

____

____

____

任务布置

（1）以小组为单位，编写中餐服务礼仪操作规范情景剧，并进行表演。

（2）模拟酒店案例，训练在实际工作中遇到问题如何解决。

知识链接

餐厅是酒店宾客用膳的主要场所，是酒店的重要部门。餐厅不仅是宾客就餐的固定场所，也是宾客寻求人际交往的重要场所之一，餐厅礼仪是在餐厅服务工作中形成，并得到人们普遍认同的一种礼节和仪式。虽然在中、西餐厅就餐客人的需求、喜好不同，如：环境、气氛、点菜等有差异，还表现出文化的差异，但服务礼仪作为“国际化语言”，来自不同地域、不同民族的客人都能够很好地诠释，可以说“服务礼仪无国界”。即便这样，服务员还是应该尊重不同国家、民族的民俗民风和礼仪习惯，在服务中注意个性化礼仪的运用。在服务中做到热情、亲切、周到、细致而又富有人情味，以实际行动为宾客提供多种享受。

一、餐厅服务礼仪规范

（一）迎候礼仪

迎宾员在服务中要积极主动，答问要热情亲切，使客人一进门就感觉到自己是最受欢迎的尊贵客人，从而留下美好的第一印象，把进餐厅用餐视为一种享受。具体要求如下：

（1）服务员穿着整洁、挺括，仪容端庄、大方，站姿优美、规范。开餐前5分钟，迎宾员应恭候在大门两侧，做好拉门迎客的准备。

（2）神情专注，反应敏捷，注视过往宾客。当客人走到距餐厅1.5米处时，应面带笑容，热情问候：“先生（小姐）您好，欢迎光临！”当客人离开餐厅时，应有礼貌地道别：“先生（小姐），谢谢您的光临，请慢走，再见！”

（3）如遇雨天，应主动收放客人的雨具，并在客人离开时把雨具及时递上，帮助客人打开雨伞、穿好雨衣。

（二）领坐礼仪

领位员在服务中应做到以下几点：

1. 迎客。客人进门后，立即迎上前，面带笑容地说“先生（小姐），您好”或“晚上好”、“请问预订过吗”、“请问一共几位”。如果是男女宾客一起进来，按女士优先的礼仪规范问候。

2. 领位。领位时，应说“请跟我来”、“这边请”、“里面请”，并用手示意，把客人引领到适当的位置入座或进入包房。同时根据实际情况，把不同的客人领到不同的位置。如：

（1）遇重要宾客光临，可引领到餐厅靠窗、靠里的位置或雅座，以示尊重。

（2）遇夫妇或情侣进来，可引领其到餐厅一角安静的餐桌就座，以便于其小声交谈。

（3）对服饰华丽、打扮时髦和容貌漂亮的女性宾客，要引领其到众多客人均可看到的显眼的中心位置就座，这样既可满足这部分客人的心理需要，又能使餐厅增添华贵的气氛。

（4）遇到全家人或是众多亲朋好友来聚餐的宾客时，要引领他们到餐厅靠里的一侧或包房，这既便于他们安心进餐，又不影响其他客人用餐。

（5）对年老、体弱的客人，尽可能将其安排在离门口较近的位置，以便其出入，并应帮助他们就座，以体现服务的周到细致。

（6）对于有明显生理残疾的客人，要注意安排其在适当的位置就座，以便于遮掩其生理缺陷，以表示体贴和关怀。

（7）客人要求指定位置，要尽量满足要求；如其他客人已占用他要的座位时，应礼貌地说明，并将客人引领到其他合适的位置。

（8）靠近厨房出入口处的位置是最不受客人欢迎的位置，在用餐高峰时，应对安排在这里的客人多说几句礼貌话，如“先生（小姐），十分抱歉。今天客人太多，委屈您了，下次光临，一定为您安排个好座位”，以示关心与热情。

3. 送客。客人就餐完毕，结账离开后，应礼貌送客，主动向客人道别说“再见，欢迎下次再来”，并微笑目送。

二、中餐服务礼仪规范

（一）餐前服务礼仪

1. 餐饮卫生

（1）环境卫生。整个餐厅中，包括食品服务区和食品准备区，都应该做到卫生洁净，光线明亮，空气清新，让客人能感受到温馨、舒适和愉快。

（2）餐具卫生。餐具应按照规范程序进行清洁和消毒，服务员在摆放餐具时要按规范动作操作，保证提供给客人安全放心和完好的餐具。

（3）食品卫生。在食品制作和服务环节方面，严格按照食品卫生操作规范进行，让客人真正享受到安全卫生、可口美味的食品。

2. 个人卫生

服务人员在上岗前，应做好个人卫生工作。上班前不要吃重口味的食品，注意口腔卫生，不在工作时嚼口香糖、吃东西；头发要保持整洁，仪容端庄大方，不佩戴饰物，勤洗手，不留长指甲，不在工作区梳头、修剪指甲。厨师要戴工作帽，穿着制服。

3. 热情迎宾

（1）当客人走近餐桌时，服务员要微笑问候，按“先宾后主，先女宾、后男宾”的顺序拉椅让座。拉椅的动作要适度，用双手和右脚尖轻捷地将椅子稍向后撤，待客人屈膝入座时将椅子向前轻推，使客人坐好坐稳。

（2）协助客人脱衣摘帽，并按顺序挂好。注意勿将衣服倒提，以防衣袋内的物品掉落。贵重衣服要用衣架挂好，以防衣服产生皱褶。

4. 香巾礼仪

客人就座后，应及时递上香巾、茶巾。递送时，按顺时针方向进行，站在客人右侧，用夹子夹住香巾角，打开递到客人面前，并说“请用香巾”。

5. 茶礼仪

宾客坐好后，应先问客人用什么茶品，然后为客人沏茶。为宾客斟茶时，如果是散餐服务，先从女士开始，并站在客人的右边进行斟倒，如果是宴会，应先从主人右边的主宾开始，然后按顺时针斟倒。斟茶水量以八分满为宜，不宜太满。

放茶叶时，不能直接用手抓茶叶，而应用茶匙盛适量的茶叶放入茶壶。端茶时，切忌用手指接触杯口。使用有盖有把的茶杯时，要用手握住杯把轻拿轻放，开启、合上杯盖的动作要缓而轻，避免发出杯盖的碰撞声，以免引起客人的不安。

6. 递菜单、点菜礼仪

（1）宾客入座后，应递上菜单，递送菜单时一般站立在客人座位的右侧，面带微笑，双手递上。应尽可能为客人提供周到、细心的服务。

（2）呈上菜单后，给客人5~10分钟看菜单的时间，然后和蔼地询问客人是否点菜。不能以不耐烦的语气或举动来催促，应耐心等候，让客人有充分的时间选择菜肴。

（3）客人点菜时服务员应当好参谋，根据客人的人数、性别、外表、身份及要求，主动向客人推荐本餐厅的名菜、特色菜、创新菜及时令菜。要讲究说话方式和语气，察言观色，注意客人的反应，充分尊重客人的意愿。

（4）了解每日菜肴的供应情况，如果客人点的菜当日没有现货供应或客人所点的菜肴已售完，不可简单地回答“卖完了”，而应礼貌地致歉解释，求得客人谅解。

（5）如客人点的菜在菜单上没有列出来，应尽量设法满足，不可一口回绝“没有”。可以说：“请您稍等，我马上和厨师商量一下，尽量满足您的要求。”如确有困难，应向客人致歉说明，敬请其下次光临或预约。

（6）当客人点菜完毕，还应主动征询客人是否需要主食或酒水饮料。客人的特殊要求要注明在点菜单上，全部记好后，再礼貌地复述一遍，得到客人确认后，迅速将菜单送至厨房，尽量减少客人等候的时间。

（二）就餐服务礼仪

1. 上菜服务礼仪

（1）餐厅服务要讲究效率，缩短客人的等候时间，一般客人点菜以后10分钟内凉菜要上齐，热菜不超过20分钟。传菜员必须使用托盘，热菜必须热上，凉菜必须凉上。

（2）服务员对厨师做出的菜肴要做到“五不取”，即数量不足不取；温度不够不取；颜色不正不取；配料不齐不取；器皿不洁、破损和不合规格不取。

（3）服务员要做到“三轻”，即走路轻、说话轻、操作轻。传菜时要做到端平走稳，汤汁不洒，忙而不乱，上菜和撤菜动作要干净利落，做到轻、准、平、稳，不推、拉餐盘。

（4）上菜时要选择合适的位置，如果是散餐，一般选择在座位较松宽的位置送上，不宜在老人或小孩旁边上；如果是宴会服务，宜在陪坐之间进行，不要在主宾和主人之间操作。上菜时应双手将菜肴放上客人的桌面，同时报上菜名，必要时简单介绍菜肴的特色典故、风味、食用方法等，并将菜肴的最佳部位朝向主宾和主人。

（5）如菜肴较多，一般在一道菜用过1/3以后，再开始上下一道菜，每上一道菜，须将前一道菜移至副主人一侧，将新菜准备主宾、主人面前。

（6）要掌握上菜的时机和间隔，不要造成桌面上盘叠盘的零乱现象。如台面上无空位时，应拿走剩菜最少的菜盘，或换小盘端上，但要征求客人意见，以免引起客人的不满。

2. 斟酒服务礼仪

（1）为客人斟酒前，应按客人所点的酒品，准备相应的酒杯，然后把客人所点的酒品拿给客人，开瓶前，服务员应左手托酒瓶底，右手扶瓶颈，展示商标给客人看，等客人确认后，方可开瓶。

（2）宴会的斟酒，要按“先主宾后主人、先女宾后男宾”的次序进行。宾主祝酒时，服务人员应退立一旁，不可随意走动，并保持会场安静。

（3）开酒水饮料瓶盖时，应在客人的侧后方朝外拉开。倒香槟酒或其他冰镇酒时，要用餐巾包好酒瓶再倒，以免酒水喷洒或滴落在客人身上。

3. 席间服务礼仪

（1）在席间服务中，服务员要做到“四勤”，即眼勤、嘴勤、手勤、腿勤。

（2）工作中要注意个人仪态，多人站立时，应站在适当的位置，排列成行，不能有东倒西歪、靠墙倚站等不良姿态。

（3）撤换餐具时要注意：当客人用过一种酒，又要用另一种酒时，须更换酒具；装过鱼腥味食品的餐具，再上其他类型菜时须更换；吃甜菜、甜品时要及时更换餐具；上风味独特、调味特别的菜肴或芡汁各异、味道有别的菜肴时都要更换餐具；客人的骨碟有骨渣时，也需要及时更换餐具。

（4）更换餐具时，如果客人正在使用，应稍等片刻或轻声询问，更换时动作要轻，不要将汤汁洒在客人的身上。

（5）撤菜时要征求客人的意见，撤盘一次不宜太多，以免发生意外，不能当着宾客的面撤下餐盘内的残物或把餐具堆得很高再撤掉。

（6）如客人不慎将餐具、口布等物品掉落在地上，要迅速上前取走更换。

（7）菜上齐后，应告诉客人“菜已上齐，请慢用”，以示尊重。

（8）如有电话找客人，应走近客人身旁，轻声告知其接听，绝不能在远处高声呼喊。

（9）当你为一张餐桌上的客人服务时，还要旁观其他餐桌客人的需求，并用眼睛、手势语言等示意，及时上前照应，以免顾此失彼。

（10）如客人对某一道菜特别喜爱、欣赏，想再买一份带走时，应主动为其提供食品袋，并代为包装，方便客人携带。

（11）当客人问及菜肴的原料、品种时，应热情介绍。如一时回答不上来时，应说：“实在抱歉，我不清楚，让我去问清楚后再告诉您。”接待服务一定要有问必答，百问不厌。

（12）对已有醉意的客人，当其还在继续喝酒又不听劝阻或发生粗鲁行为时，服务人员要尽量忍让，并请求餐厅主管协助处理。

（13）值台时，一定要神情专注，用目光巡视四周，随时应答客人的招呼，做到忙而不乱、有条不紊。

（14）如果客人用餐没有结束，即使营业时间已过，也不能催促客人，或有忙于收盘、打扫、关灯等不礼貌的逐客之举。整个餐厅的清扫，应在所有客人离开后进行。

4. 传菜服务礼仪

传菜员在服务中应做到以下几点：

（1）配合值台员的工作，及时取得联系，并随时与厨房互通情况，做好协作工作，适时上菜。

（2）要做到凉菜先上，热菜及时上，火候菜随做随上，以保证菜肴的色、香、味、形俱全。

（3）换餐具及上菜等一律使用托盘，不应用手直接端拿，以免手指触及碗碟、菜肴，影响食品卫生。

（4）走菜繁忙时，天再热也不得挽袖卷裤，以示对客人的尊重。

（5）走菜途中，切忌私自品尝，这是最不文明的行为。

（6）走菜时，要注意步姿的端正和自然，遇到客人要主动礼让。

5. 餐后结账礼仪

（1）客人就餐结束，应及时送上账单。如果是一对夫妇在吃饭，账单先给男方；如果是几人同时用餐，应问清楚客人是一起结账，还是分开结账。结账要核算准确，如用卡结算时要问清楚客人是否有密码，出账单后要请客人签名。

（2）如果对账单有异议，应与客人耐心、细致地一起将账单上的内容逐一核计一次，直到客人满意为止。

（3）客人付款后，要表示感谢。要当着客人的面算清钱款，尽量不把很旧的纸币和很零碎的钱票找给客人，以示尊重客人。

（4）客人结完账起身离座时，应及时为其拉椅让路，以方便其离开。同时，应提醒客人是否遗忘随身物品，并礼貌告别“欢迎您下次再来”，目送客人离去。

三、西餐服务的基本礼仪

1. 就餐礼仪服务规范

（1）准备工作。

1）了解订单情况；

2）摆好餐位；

3）整理好餐具。

（2）检查工作。

检查各个环节是否正常，要求餐具整洁无残损，台布无污染，台椅整齐，地毯无异物。

（3）迎客。

1）迎宾员站在大门内两侧，双脚并紧，两脚呈 45 度角，身体站直，挺胸收腹，面带笑容，迎接客人的到来；

2）见客人到达大门外 2 ~3 米时应主动拉门，并使用欢迎语。

（4）带客入座。

1）为客带位时，应走在客人前面 2 米处，并不时回头对客人讲：“这边请。”同时单手伸出，五指并拢示意方向，遇到拐弯时，要停下来用手示意客人；

2）根据客人提供的信息将客人带到合适的座位；

3）把客人带到合适的位置就座时，要为客人提供拉椅让座服务；

4）客人入座后，示意该区员工确定客人到达的人数，以便为客人提供就餐服务。

（5）上冰水、递餐牌。

1）客人入座后，服务员应第一时间为客人斟冰水，为客人斟冰水时应将杯垫放于客人右手上方约 30 厘米处，正面朝上端正放好，然后将冰水放在杯垫上；

2）为客人斟好冰水后，将餐牌第一页打开放于客人面前，并使用礼貌用语：“这是餐牌，请慢慢浏览。”

（6）点单。

1）当客人需要点菜时，服务员应快步上前，并打招呼："您好！请问有什么可以帮您?"

2）当客人需要点菜时，服务员应左手拿单，站于客人右侧，面带笑容，腰身微弯。为客人点菜时要积极推销本餐厅的产品。客人点完菜后要重复一次给客人听，待客人确认无误后，才下单。

（7）下单。

1）一张单有三联，白联交收银入单、绿联交出品部，红联交传菜部；

2）下单后要及时跟进：餐具是否摆放正确，收银是否入完单并送回单本，出品是否超时未出。

（8）摆餐具。

1）下单后服务员要根据客人所点的食品摆上相应的餐具，如：牛扒、羊扒配扒刀、主叉；鱼扒、鸡扒配主刀、主叉等；

2）摆放餐具时，左手托盘站于客人的右边进行。按西餐餐具摆放顺序从内向外摆放。

（9）上菜。

对出品的菜点要先对单确认台号、菜品、数量及质量，并在菜单上做好记号。上菜时要报菜名。

（10）巡台。

1）巡台包括：为客人加水、收空杯、撤换餐具、清理桌面等；

2）为客人加水时应站在客人的侧面，手握水杯的底部，侧身加水至水杯的4/5处，加完水后将水杯放回客人的杯垫上，并用手势示意"请用水"；

3）收客人的空杯时，应先询问客人是否续杯，如果客人不需要续杯，应用右手握杯拿起，放回托盘中；

4）收脏盘时要事先询问客人，如不需要便可收撤。脏盘收走后应将相应的物品如配料、餐具、餐巾纸一起收走。

（11）结账。

当客人结账时，应用账单夹夹住账单从客人右边递上，并询问客人的结账方式，如果客人对账单有异议，应与客人一起耐心、细致地将账单上的内容仔细核对，直到客人满意为止。

（12）送客。

如见客人结账起身要走，服务员应为客人提供拉椅送客服务，并引领客人到餐厅门口，使用礼貌用语"欢迎下次光临"。

2. 西餐席位安排

(1) 长方形台的席位安排。

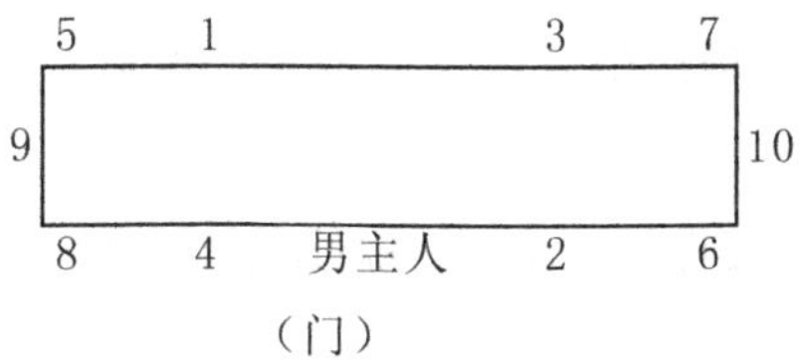

男、女主人在中间，两端是客人

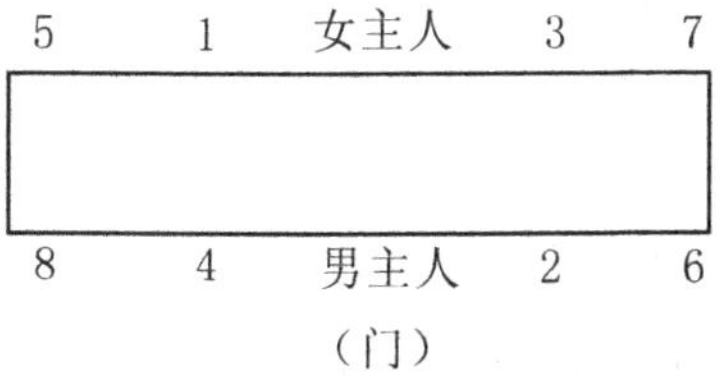

男、女主人在中间，两端不坐人

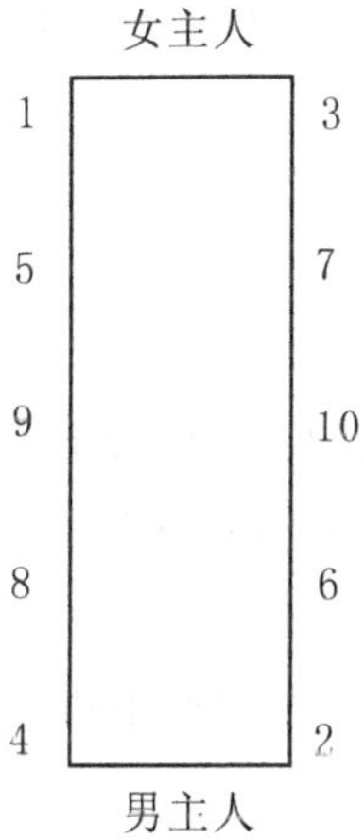

男女主人分别坐两端

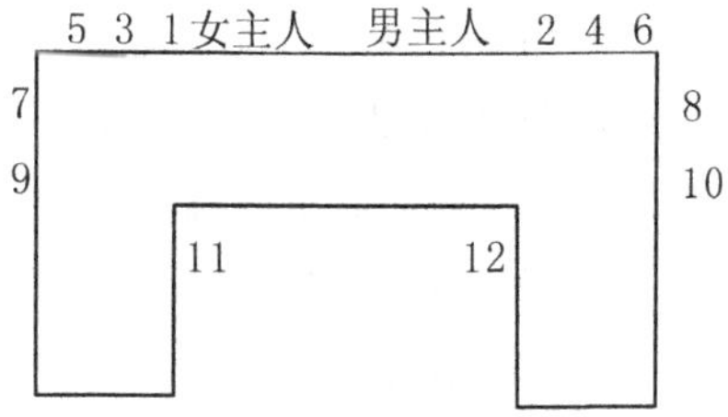

人多聚餐时

(2) 方形、圆形台的席位安排。

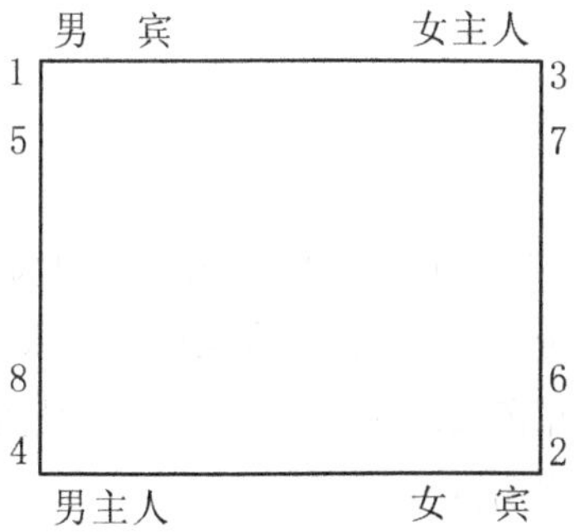

方桌排列

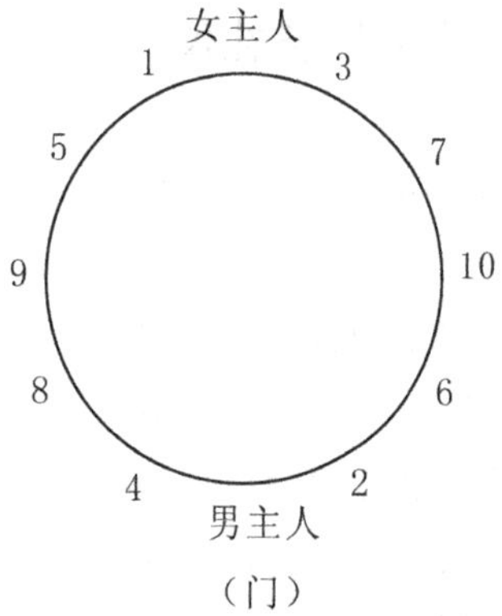

圆桌排列

3．西餐餐具摆放礼仪

（1）面包餐具的配备。面包碟和黄油刀，应放置于餐位的左侧，早餐面包配黄油、果酱，午餐面包、晚餐面包只配黄油。

（2）玉米片餐具的配备。早餐玉米片等谷物用汤盆或大碗盛放，配鲜奶、糖，提供汤勺。

（3）咖啡或茶餐具的配备。上咖啡时提供咖啡杯、垫碟、咖啡勺，配淡奶、糖；上茶时提供茶杯、垫碟、茶勺，饮用时配淡奶、糖或柠檬片。

（4）海鲜鸡尾酒餐具的配备。上海鲜鸡尾酒应提供鸡尾酒杯、叉、茶勺，配调味沙司。

（5）腌鱼餐具的配备。上腌鱼时，应该左边放鱼叉，右侧方放鱼刀，配柠檬角、胡椒粉。

（6）法式田螺餐具的配备。上法式田螺时，应左边放田螺夹，右边放田螺叉，配法式面包。

（7）汤餐具的配备。上汤时汤勺应该放在右侧。

（8）意大利面条餐具的配备。上意大利面条时，应在左边放勺，右侧放叉。

（9）龙虾餐具的配备。上龙虾时，左侧应放龙虾钳、鱼叉，右侧放鱼刀、龙虾签，备一小碟盛龙虾壳，洗手盂里放温水与柠檬片。

（10）牛排餐具的配备。上牛排和羊排时，应在左边放餐叉，右边放牛排刀。上羊排要配薄荷汁、薄荷啫喱。

（11）炖肉餐具的配备。爱尔兰炖肉应放在热汤盆里端上，提供餐刀、餐叉和汤勺备用，配胡椒、盐、辣椒油。

（12）炖鱼餐具的配备。上浓味炖鱼，应用汤盆盛，左边放鱼刀、汤勺。用鱼刀、鱼叉将鱼切开，再用汤勺将鱼肉汁舀起食用。

四、宴会服务礼仪

（一）中餐宴会服务礼仪

1．餐前准备

（1）参加班前会，了解宴会的具体任务，做到"九知"、"四了解"。"九知"即知出席宴会人数、桌数、主办单位、邀请对象、宾主身份（主办人）、宴会的标准及开宴时间、菜式品种、出菜顺序、收费办法；"四了解"即了解客人的宗教信仰、风俗习惯，了解客人的生活忌讳，了解宾客的特殊需要，了解会议、客房的安排等。

（2）做好准备工作：熟悉菜单，备足餐具、餐具饮料，选配器皿、用具、餐具；餐具按要求擦干净并在工作台摆放整齐；根据宴会的类别、档次对宴会厅进行合理布置，确保灯光、室温、音响、家具、设施完好；搞好宴会厅的卫生，按摆台标准摆好餐台，做好摆台后检查，要摆放整齐，符合要求。

（3）进行自查，检查个人仪容仪表，复查餐台、台布、台面餐具、各种调味品、烟灰缸、牙签等放置是否齐全整洁、符合要求，椅子与所布置的席位是否对应等；检查菜单、托盘、备用餐具、小毛巾、工作台内储存物品等是否齐全、清洁；接受领班检查。

（4）开餐前30分钟，站立在餐厅门口，迎候宾客。宴会开始前8分钟，按要求摆上冷盘。提前5分钟，按斟酒要求斟上红酒和白酒。

2. 餐中服务

（1）迎客入座：客人进入餐厅，迎宾员将宾客领至宴会厅，值台员应面带微笑，热情迎接，躬身行礼，问好："您好，欢迎光临。"主动接挂衣物；挂衣时，衣服不能倒拿，避免衣袋里的物品滑出或碰坏；当宾客来到餐桌前时，服务员要热情地为客人拉椅让座（将椅子拉开，当客人坐下时，用膝盖顶一下椅背，双手同时送一下，并用手势示意"您请坐"）。

（2）撤花瓶（席位签），为客人打开餐巾，压在骨碟下面，然后落筷子套，从主宾的右侧开始顺时针进行，一般情况下，席间送香巾三次，客人入座后一次，上完热菜后一次，客人用餐完毕再送一次，并及时收回。送香巾时，要从客人右侧提供服务，并说："请用香巾。"斟茶，斟七八成即可，为宾客斟茶时，不得用手触摸杯口。

（3）斟酒服务：用托盘斟酒，席间服务时不可徒手斟酒；开餐前若已斟上红酒和白酒，则从主人右边的主宾开始斟倒饮料。斟酒水时要征求客人意见："请问您喜欢用哪种饮料？"得到宾客的确认后，为客人斟上相应的酒水。在宴会过程中，应注意随时添酒品，不能使杯子空着。

（4）上菜服务：当送菜员将菜送至宾客的餐桌前时，值台员要用双手在上菜位置将菜肴送上宾客的桌面，同时报上菜名，并对菜肴作适当介绍。特色菜要重点介绍："各位来宾，这是本店特色菜××，请品尝。"如客人表现出对此菜有较大兴趣，可适当介绍此菜的特点；放菜要轻，有造型的菜注意正面朝向主宾；要掌握好上菜的时机，快慢要适当；菜上齐后，视情况可轻声告诉主人，也可说："您的菜已上齐了。"

（5）分菜时，可用两人合作分菜、桌面分菜、工作台分菜等方式进行分菜工作。

（6）席间服务：要做到一快，服务快；三轻，走路轻、说话轻、操作轻；四勤，眼勤、嘴勤、手勤、腿勤。当宾客吸烟时，立即上前站在宾客右侧为其点烟，并说："您请！"撤换烟灰缸时，把干净的烟灰缸倒扣在用过的烟灰缸上，一起撤下放进托盘，然后再把干净的烟灰缸摆回餐桌。换碟时，服务员用右手从主宾的右边依次撤去，同时换上干净的碟，并用礼貌用语（伸手示意）"打扰一下，给您换一下骨碟可以吗"，当客人帮着拿骨碟（或提供了帮助）时应说："谢谢！"

（7）宾客席间离座，应主动帮助拉椅、整理餐巾；待宾客回座时应重新拉椅、落餐巾；宾客祝酒时，服务员应上前将椅子向外稍拉，坐下时向里稍推，以方便宾客站立和入座；服务中要保持转台、餐台的整洁；宴会服务中，服务员要按规定姿势站立于离客人餐桌1.5米处，应用眼光注视全部客人的情况，出现问题应及时处理。

（8）根据客人要求上饭、面点、汤，要先分汤，再将面点规整地摆上转台；上水果前，撤去所有餐具，换上干净盘子，视情况摆上刀叉等，端上水果，并说："水果拼盘，请慢用。"整个宴会服务过程中，值台员必须坚守岗位。

3. 餐中服务注意事项

（1）宴会服务中，两个服务员服务时，不应在宾客的左右同时服务，也严禁左右开弓；要及时调换碰脏的餐具，跌落的刀、叉、筷等；服务过程中，要微笑服务，运用技巧全方位服务，每进行一道服务必须说："您请。"当某个客人需要打电话时应主动领其至电话旁，当客人要上卫生间时，应主动领其到卫生间前。如果在服务过程中，不小心将客人的酒杯或茶杯打翻，应马上道歉："非常抱歉，不好意思。"并将酒具或茶具扶起，给客人重新换个酒杯或茶杯，并斟上酒水或茶水，然后将溢湿的桌面垫上香巾或口布。若汤汁等洒在客人身上应马上道歉："非常抱歉，这是我工作失误，不好意思，我帮您擦一下吧。"

（2）服务过程中应主动灵活，若客人要唱歌，应马上递话筒，积极为客人点歌；若客人特别喜欢吃某道菜，而此菜品已吃完时，可征询客人意见是否需要再加一道；因客人比较集中，菜上得慢一些时，应对宾客解释："非常抱歉，因今天客人比较集中，菜上得慢了一些，请您原谅。"而等菜上来之后，说："非常抱歉，让您久等了。"当客人对某道菜品称赞时，服务生应主动说："谢谢您的夸奖，欢迎您下次来时，再点这道菜。"

4. 餐后服务

（1）客人用餐完毕，送上香巾，并征求客人意见。对宾客提出的意见要虚心接受，记录清楚，并表示感谢："非常感谢您的宝贵意见。"为客人拉开座椅让路，递送衣帽、提包，在客人穿衣时主动配合协助；送客道别（按送客服务规范进行）。

（2）收台工作：客人离开后，要及时收台；收台时，按收台顺序依次先收玻璃器皿、

银器、口布、香巾、烟灰缸，然后依次收去桌上的餐具；整理、清洁宴会厅，使其恢复原样。

（二）西餐宴会服务礼仪

西餐宴会服务常采用的方法有法式服务、俄式服务、美式服务、英式服务和综合式服务等。

1. 法式服务

（1）法式服务特点。

传统的法式服务在西餐服务中是最豪华、最细致和最周密的服务。通常，法式服务用于法国餐厅，即扒房。法国餐厅装饰豪华和高雅，以欧洲宫殿式为特色，餐具常采用高质量的瓷器和银器，酒具常采用水晶杯。通常采用手推车或旁桌为顾客提供加热、调味菜肴及切割菜肴等现场服务。在法式服务中，服务台的准备工作很重要。通常在营业前做好服务台的一切准备工作。法式服务注重服务程序和礼节礼貌，注重服务表演，注重吸引客人的注意力，服务周到，每位顾客都能得到充分的照顾。但是，法式服务节奏缓慢，需要较多的人力，用餐费用高。餐厅空间利用率和餐位周转率都比较低。

（2）法式服务方法。

1）法式服务的摆台。

法式服务的餐桌上先铺上海绵桌垫，再铺上桌布，这样可以防止桌布与餐桌间的滑动，也可以减少餐具与餐桌之间的碰撞声。摆装饰盘，装饰盘常采用高级的瓷器或银器等。将装饰盘的中线对准餐椅的中线，装饰盘距离餐桌边缘 1～2 厘米。装饰盘的上面放餐巾。装饰盘的左边放餐叉，餐叉的左边放面包盘，面包盘上放黄油刀。装饰盘的右边放餐刀，刀刃朝向左方。餐刀的右边常放一个汤匙，餐刀的上方放各种酒杯和水杯。装饰盘的上方摆食用甜品的刀和匙。

2）传统的两人合作式服务。

传统的法式服务是一种最周到的服务方式，由两名服务员共同为一桌客人服务。其中一名为经验丰富的正服务员，另一名是助理服务员，也可称为“服务员助手”。服务员请顾客入座，接受顾客点菜，为顾客斟酒上饮料，在顾客面前烹制菜肴，为菜肴调味，切割菜肴，装盘，递送账单等。助理服务员帮助服务员现场烹调，把装好菜肴的餐盘送到客人面前，撤餐具和收拾餐台等。在法式服务中，服务员在客人面前做一些简单的菜肴烹制表演或切割菜肴和装盘服务。而他的助手用右手在客人右侧送上每一道菜。通常，面包、黄油和配菜从客人左侧送上，因为它们不属于一道单独的菜肴。从客人右侧用右手斟酒或上饮料，从客人右侧撤出空盘。

3）上汤服务。

当客人点汤后，助理服务员将汤以银盘端进餐厅，然后把汤置于熟调炉上加热和调味，加工的汤一定要比客人需要量多些，方便服务。汤由正服务员用大汤匙从银盘中将汤装入顾客的汤盘后，再由助理服务员用右手从客人右侧端上。当助理服务员把热汤端给客人时，应将汤盘置于垫盘的上方，并使用一条叠成正方形的餐巾，这条餐巾能使服务员端盘时不烫手，同时可以避免服务员把大拇指压在垫盘的上面。

4）主菜服务。

主菜的服务与汤的服务大致相同，正服务员将现场烹调的菜肴，分别盛入每一位客人的主菜盘内，然后由助理服务员端给客人。为顾客烹调牛排时，助理服务员从厨房端出烹调半熟的牛扒、马铃薯及蔬菜等，由正服务员在客人面前调配作料，把牛扒再加热烹调，然后切开并将菜肴放在餐盘中，正服务员这时应注意客人的表示，看他要多大的牛排。同时，应该配上沙拉，助理服务员应当用左手从客人左侧将沙拉放在餐桌上。

2. 俄式服务

（1）俄式服务特点。

俄式服务是西餐普遍采用的一种服务方式。俄式服务的餐桌摆台与法式的餐桌摆台几乎相同。但是，它的服务方法不同于法式。俄式服务讲究优美文雅的风度，将装有整齐和美观菜肴的大浅盘端给所有顾客过目，让顾客欣赏厨师的装饰和手艺，并且也刺激了顾客的食欲。俄式服务，每一名餐桌只需要一名服务员，服务的方式简单快速，服务时不需要较大的空间。因此，它的效率和餐厅空间的利用率都比较高。由于俄式服务使用了大量的银器，并且服务员将菜肴分给每一位顾客，使每一位顾客都能得到尊重和较周到的服务，因此增添了餐厅的气氛。由于俄式服务是在大浅盘里分菜，因此，可以将剩下的、没分完的菜肴送回厨房，从而避免不必要的浪费。俄式服务的银器投资很大，如果使用和保管不当会影响餐厅的经济效益。在俄式服务中，最大的问题是最后分到菜肴的顾客，看到大银盘中的菜肴所剩无几，总有一些影响食欲的感觉。

（2）俄式服务方法。

1）分发餐盘。

服务员先用右手从客人右侧送上相应的空盘、开胃菜盘、主菜盘、甜菜盘等。注意冷菜上冷盘，即未加热的餐盘；热菜上热盘，即加过温的餐盘，以便保持食物的温度。上空盘则依照顺时针方向操作。

2）运送菜肴。

菜肴在厨房全部烹制熟，每桌的每一道菜肴放在一个大浅盘中，然后服务员从厨房将装好菜肴的大银盘用肩上托的方法送到顾客餐桌旁，热菜盖上盖子。站立于客人餐桌旁。

3）分发菜肴。

服务员用左手以胸前托盘的方法，用右手操作服务叉和服务匙从客人的左侧分菜。分菜时以逆时针方向进行。斟酒、斟饮料和撤盘都在客人右侧。

3. 美式服务

（1）美式服务特点。

美式服务是简单和快捷的餐饮服务方式，一名服务员可以看数张餐台。美式服务简单，速度快，餐具和人工成本都比较低，空间利用率及餐位周转率都比较高。美式服务是西餐零点和西餐宴会理想的服务方式，广泛用于咖啡厅和西餐宴会厅。

1）美式服务的餐桌上先铺上海绵桌垫，再铺上桌布，这样可以防止桌布与餐桌之间的滑动，也可以减少餐具与餐桌之间的碰撞声。桌布的四周至少要垂下30厘米。但也不能太长，否则影响顾客入席。有些咖啡厅在桌布上铺上较小的方形台布，这样，重新摆台时，只要更换小型的台布就可以了，可以节约大桌布的洗涤次数。同时，也起着装饰餐台的作用。通常，每两个顾客使用糖盅、盐盅和胡椒瓶各一个。

2）将叠好的餐巾摆在餐台上，它的中线对准餐椅的中线，餐巾的底部离餐桌的边缘1厘米。两把餐叉摆在餐巾的左侧，叉尖朝上，叉柄的底部与餐巾对齐。在餐巾的右侧，从餐巾向外，依次摆放餐刀、黄油刀、两个茶匙。刀刃向左，刀尖向上，刀柄的底部朝下，与餐巾平行。面包盘放在餐叉的上方。水杯和酒杯放在餐刀的上方，距刀尖1厘米，杯口朝下，待顾客到餐桌时，将水杯翻过来，斟倒凉水。

（2）美式服务方法。

在美式服务中，菜肴由厨师在厨房中烹制好，装好盘。餐厅服务员用托盘将菜肴从厨房运送到餐厅的服务桌上。热菜要盖上盖子，并且在顾客面前打开盘盖。传统的美式服务，上菜时服务员在客人左侧，用左手从客人左边送上菜肴，从客人右侧撤掉用过的餐盘和餐具，从顾客的右侧斟倒酒水。目前，许多餐厅的美式服务从顾客的右边上菜，用右手，顺时针进行。

4．英式服务

英式服务又称"家庭式服务"。其服务方法是服务员从厨房将烹制好的菜肴传送到餐厅，由顾客中的主人亲自动手切肉装盘，并配上蔬菜，服务员把装好盘的菜肴依次端送给每一位客人。调味品、沙司和配菜都摆放在餐桌上，由顾客自取或相互传递。英式服务家庭的气氛很浓，许多服务工作由客人自己动手，用餐的节奏较缓慢。在美国，家庭式餐厅很流行，这种家庭式的餐厅采用英式服务。

任务准备

一、团队组建

（1）视全班人数而定将学生分成若干小组，选出组长，分工合作。

（2）以小组为单位，按顺序把学生的桌椅拼起来，最后把课室中间留空，用作学生模拟练习或表演的场地。

二、教师下发任务书

任务书

1．任务目标

（1）迎送宾客服务礼仪模拟练习。

（2）完成中、西宴会就餐服务礼仪的模拟操作练习。

（3）餐厅就餐特殊问题处理礼仪模拟操作练习。

2．任务要求

（1）在教师指导和辅助下，以小组为单位完成情景模拟的编写。

（2）各小组自行做好计划方案，明确角色分工。

任务实施

一、制定实施方案

认真分析任务，并确定好任务实施方案，明确分工。

____

____

____

二、方案实施

（一）餐厅预订服务礼仪规范训练

礼仪角色：每小组安排两名学生扮演客人与预订员。

【情景对话】

服务员：晚上好，这里是星汇大酒店中餐厅，请问有什么可以帮您?

客人：晚上好，我想订16号（本周五）的晚餐。

服务员：好的，请您稍等一下，我查一下当天晚餐的预订。哦，没问题，请问您几位?

客人：六位，四个大人，两个小孩。

服务员：请问您贵姓？电话是多少？

客人：姓“方”，电话号码是18904155668。

服务员：好的，请您于16号晚上6时前来，我们只能为您把位置保留到晚上6时，可以吗？

客人：好的，没问题。

服务员：方先生，您预订了16号（本周五）的六人晚餐，预留的电话号码是18904155668。

客人：是的。谢谢！

服务员：不客气。期待您的光临。

（二）餐厅迎送服务礼仪规范训练

礼仪角色：每组请2~3名学生分别扮演用餐客人和迎宾员。

礼仪要求：在客人走进餐厅的大门口时，迎宾员要主动为客人拉门，微微鞠躬，并使用合适的礼貌用语问候客人，然后引领客人到合适的餐位就座，引领宾客时，在客人的前侧方1.5米的位置，遇到拐弯时，要停下来用手势、语言对客人进行提醒。接待、问候、引领、让座，应遵循先女宾后男宾的原则。

礼仪任务：进行模拟引领、为客拉椅让座、递接与告别礼仪的练习。

（三）就餐服务礼仪训练

礼仪角色：每组请2~4名学生分别扮演用餐客人与值台员。

礼仪要求：根据客人的用餐情景，进行模拟开餐礼仪、开瓶礼仪、斟酒礼仪、上菜与分菜礼仪、撤换餐具礼仪等练习，并能根据不同的情景灵活运用。

（四）结账服务礼仪训练

礼仪角色：每组安排4名学生扮演值台员与客人。

【情景对话】

客人：服务员，结账。

服务员：您好！请问哪位结账？

客人：这里。

服务员：好，请付389元。请问先生您是现金结账还是刷卡？

客人：现金。你先给账单，我核对一下。

客人：小姐，我没有点清蒸水鱼呀，咋会有这个菜的价钱？

服务员：对不起，让我看看。

客人：有没有搞错，这样都会算错！

服务员：先生，对不起，是我们算错了，请您见谅。这样吧，刚才我请示过经理，把情况汇报了，为了表示我们的歉意，送一个果盘给您。

客人：好吧。

服务员：先生，请您付292元。请稍等。

服务员：这是送给您的果盘，请慢用。

服务员：这是找回您的钱，请收好。

服务员：欢迎下次光临，请慢走。

（五）餐厅服务员应变礼仪案例训练

礼仪角色：全组同学一起分别扮演服务员与客人。

训练一：醉酒客人的服务礼仪

如果客人已经喝醉，应礼貌地告诉客人，本餐厅已不能向他提供含酒精的饮料，同时安排客人到靠里面不打扰他人的席位，或者隔开的小房间内。如果客人呕吐或带来其他麻烦，服务员应耐心、及时地清理呕吐物，及时送上漱口水、湿毛巾。如果客人住在本酒店，没有人搀扶他回房间里，服务员应及时通知保安，陪同客人回去，如果客人不住在本酒店，应由保安陪同他离开。

训练二：残疾人就餐服务礼仪

残疾客人在餐厅若无人照料，服务员要服务适度，以其所需为原则，恰当、谨慎、细心地给予帮助，将坐轮椅的客人推到餐桌旁，避免安排在过道上，拐杖要放好，以免绊倒他人，帮助坐轮椅或架拐杖的残疾人用自助餐时，要询问对方需求，按照对方的要求协助其取食品，对盲人要给予特殊、恰当的关照，要小心地移开桌上的物品，帮助他选择菜肴，上菜或饮料时要告诉他位置，对于耳聋的客人，服务员要学会用手示意，在上菜时，轻轻用手碰一下客人，表示从这边上菜。如果他们坚持不需要服务，应灵活地给予帮助，尽力使他们感到服务员的帮助是服务而不是同情。

训练三：协助外宾使用中餐餐具服务礼仪

多数情况下，外宾对中餐餐具，尤其筷子特别感兴趣，大都怀有新鲜、好奇的心理，虽然不会使用，但也很想尝试一下。当外宾不得要领而使用不得当时，服务员应落落大方，热情主动地上前询问，经过外宾同意后，服务员应取用一双备用筷子为外宾做正确的示范动作（不要用筷子夹客人盘中的菜肴，应让客人自己夹食）。在示范讲解时，语速要慢，动作要准确，最好讲英语。

训练四：遇到个别故意刁难服务员的情况时的服务礼仪

服务员应态度和蔼，更加细致耐心地为客人服务，满足客人的合理要求，此时甜美的微笑胜过有声的语言，委婉地求助同桌客人的帮助，如果还不行，报告主管、领班采用必要措施，如调整服务员服务区域等。任何情况下，服务员不得对客人态度蛮横、口气生硬，更不能发生口角。

评价反馈

迎送服务礼仪评价表

内容			评价	
学习目标		评价项目	小组评价	教师评价
知识	应知应会	掌握迎宾需要哪些礼仪		
		掌握引座技巧		
		掌握迎宾员接送技巧		
		掌握送客服务技巧		
能力	专业能力	能规范地运用站姿礼仪		
		能正确运用引领服务礼仪		
		能规范地为客人进行拉椅让座服务		
		能规范地为客人进行递接服务		
		能规范地施行送客服务		
	通用能力	解决问题的能力		
		语言表达能力		
		沟通能力		
		协作能力		
态度	亲切友好，热情问候，周到、耐心、细致地服务			
教师、同学建议：			评价汇总： A. 优秀 B. 良好 C. 基本掌握	
努力方向：				

宴会就餐服务礼仪评价表

内容			评价	
学习目标		评价项目	小组评价	教师评价
知识	应知应会	面对面为客人服务的语言礼仪		
		中餐就餐服务的八种礼仪技巧		
		西餐宴会席位安排		

（续上表）

内容			评价	
学习目标		评价项目	小组评价	教师评价
能力	专业能力	中餐开餐服务礼仪		
		中餐开瓶礼仪		
		中餐斟酒水礼仪		
		中餐上菜礼仪		
		中餐摆菜礼仪		
		中餐撤换餐具礼仪		
		西餐宴会席位安排礼仪		
		西餐上菜礼仪		
		西餐撤盘礼仪		
	通用能力	解决问题的能力		
		语言表达能力		
		沟通能力		
		协作能力		
		推销能力		
态度	亲切友好，热情问候，周到、耐心、细致地服务			
教师、同学建议：			评价汇总： A. 优秀 B. 良好 C. 基本掌握	
努力方向：				

餐厅特殊问题服务礼仪评价表

内容			评价	
学习目标		评价项目	小组评价	教师评价
知识	应知应会	掌握解决矛盾冲突的技巧		
		掌握应变能力的技巧		

（续上表）

内容			评价	
学习目标		评价项目	小组评价	教师评价
能力	专业能力	为客服务始终能保持微笑		
		对客人的投诉进行有效的倾听		
	通用能力	解决问题的能力		
		语言表达能力		
		沟通能力		
		协作能力		
态度	亲切友好，热情问候，周到、耐心、细致地服务，态度真诚			
教师、同学建议：			评价汇总： A. 优秀 B. 良好 C. 基本掌握	
努力方向：				

思考与练习

【案例】如此餐饮销售

宾馆中气派豪华、灯红酒绿的中餐厅，客人熙熙攘攘，服务员在餐桌之间穿梭忙碌。一群客人走进餐厅，引位员立即上前，把客人引到一张空桌前，让客人各自入座，正好十位坐满一桌。

服务员小李及时上前给客人一一上茶。客人中一位像是主人的先生拿起一份菜单仔细翻阅起来。小李上完茶后，便站在那位先生的旁边，一手拿小本子，一手握笔，面带微笑静静地等待这位先生点菜。那位先生先点了几个冷盘，接着有点犹豫起来，似乎不知点哪道菜好，停顿了一下，便转向小李说：“小姐，请问你们这儿有些什么海鲜菜肴?”“这……”小李一时回答不上来，“这就很难说了，本餐厅海鲜菜肴品种档次各有不同，价格也不同，再说不同的客人口味也各不相同，所以很难说哪个海鲜菜肴特别好。反正菜单上都有，您还是看菜单自己点吧。”小李的一席话说得似乎头头是道，但那位点菜的先生听了不免有点失望，只得应了一句：“好吧，我自己来点。”于是，他随便点了几个海鲜和一些其他菜肴。

当客人点完菜肴后，小李又问道：“请问先生要什么酒水和饮料?”客人答道：“一人来一罐青岛啤酒吧。”接着客人又问：“饮料有哪些品种?”小李一下子来了灵感，忙说道：“本餐厅最近进了一批法国高档矿泉水，有不冒汽的 evian 和 perrier 及冒汽的 perrier。”“矿泉水?”客人听了感到意外，看来矿泉水不在他的考虑范围内。“先生，这可是全世界最有名的矿泉水呢。”客人一听，觉得不能在朋友面前丢了面子，便问了一句：“那么哪种更好呢?”“那当然是冒汽的那种好了!”小李越说越来劲。“那就来 10 瓶冒汽的法国矿泉水吧。”客人无可选择地接受了小李的推销。

服务员将啤酒、矿泉水打开，冷盘、菜肴、点心纷纷上来，客人们在主人的盛情下美餐一顿……

最后，当主人结账时一看账单，不觉大吃一惊，原来 1 400 多元的总账中，10 瓶矿泉水竟占了 350 元。他不由得嘟囔一句：“矿泉水这么贵呀!”“那是世界上最好的法国名牌矿泉水，卖 35 元一瓶，因为进价就要 18 元呢。”收银员解释说。“原来如此，不过刚才服务员可没告诉我价格呀!”客人显然很不满意，付完账后便很快离去。

（资料来源：最新礼仪案例分析．http：//www. docin. com/beiqiao6767，2013 - 06 - 02.）

问题：用你学过的知识分析服务员小李在服务过程中的不当之处?

____

____

____

【案例】景泰蓝食筷

中午时分，在一家涉外宾馆的中餐厅里，用餐的客人很多，服务员忙碌地在餐台间穿梭着。有一桌的客人中有好几位外宾，其中一位外宾在用完餐后，顺手将自己用过的一双精美的景泰蓝食筷放入了随身带的皮包里。服务员在一旁将此景看在眼里，不动声色地转入后堂，不一会儿，捧着一只绣有精致花案的绸面小匣，走到这位外宾身边说：“先生，您好，我们发现您在用餐时，对我国传统的工艺品——景泰蓝食筷表现出极大的兴趣，简直爱不释手。为了表达我们对您如此欣赏中国工艺品的感谢，餐厅经理决定将您用过的这双景泰蓝食筷赠送给您，这是与之配套的锦盒，请笑纳。”

这位外宾见此状，听此言，自然明白自己刚才的举动已被服务员尽收眼底，颇为惭愧，只好解释说，自己多喝了一点，无意间误将食筷放入了包中，感激之余，更执意表示希望能出钱购下这双景泰蓝食筷，作为此行的纪念。餐厅经理亦顺水推舟，按最优惠的价格，记入了主人的账上。

聪明的服务员既没有让餐厅蒙受损失，也没有令客人难堪，圆满地解决了此事，并收到了良好的交际效果。

（资料来源：礼仪案例分析．http：//www. doc88. com/p - 317622008055. html，2011 -

02－27.）

问题：如果是你，你会如何解决这件事情？

模块三　国际交往礼仪

●学习目标

1. 按会见与会谈礼仪规范为客人服务。
2. 按礼仪规范正确做好签字仪式的服务工作。
3. 按礼仪规范完成大型宴会的服务工作。

学习任务

1. 组建学习小组。
2. 学习会见、会谈、签字仪式的礼仪规范。

任务引入

阅读下面的案例，回答后面的问题。

【案例】

王先生是国内一家大型外贸公司的总经理，为了一批机械设备的出口事宜，携秘书韩小姐一行赴伊朗参加商务洽谈。他们抵达伊朗的当天下午就到交易方的公司进行拜访，正巧遇上东道主的祷告时间。主人示意他们稍作等候再进行会谈，而以办事效率高而闻名的王先生对这样的安排表示不满。

东道主为了表示对王先生一行的欢迎，特意举行了欢迎晚会。

秘书韩小姐希望以自己简洁、脱俗的服饰向众人展示中国女性的精明、能干、美丽、大方。她上穿白色无袖紧身上衣，下穿蓝色短裙，在众人略显异样的眼光中步入会场。为表示敬意，主人向每一位中国来宾递上饮料，当习惯使用左手的韩小姐很自然地伸出左手接饮料时，主人立即改变了神色，并很不礼貌地将饮料放在了餐桌上。令王先生一行不解的是，在接下来的会谈中，一向很有合作诚意的东道主没有和他们进行任何实质性的会谈。

（资料来源：国际礼仪培训 . http：//internation. liyipeixun. org/guojishangwuliyi/guojishangwuanli. html，2010－08－24. ）

问题：为什么东道主会对王先生一行那么冷淡？韩秘书做错了什么？如果你是韩秘书，你会如何做？

____

____

____

【案例】

在一次接待某国外商团队到访的任务中，由于小王与团长熟识，所以作为主要迎宾人员陪同老总前往机场迎接外宾。当团长率领其他工作人员到达后，小王面带微笑热情地走上前，先于老总与团长握手致意，表示欢迎，然后转身向自己的老总介绍这位团长，接着又热情地向团长介绍与自己同来的其他部门经理。

（资料来源：国际商务礼仪案例 . http：//internation. liyipeixun. org/guojishangwuliyi/guojiliyiguifan. html，2011－05－06. ）

问题：小王自以为此次接待任务完成得相当顺利，但他的有些举动令老总及其他部门经理不满，你知道为什么吗？

____

____

____

任务布置

（1）以小组为单位，按迎送礼仪的规范、接待宾客的要求，设计一个情景进行模拟练习。

（2）以小组为单位，设计会谈情景方案，并按会谈服务礼仪的要求进行模拟练习。

（3）以小组为单位，设计一个签字仪式的情景，并按签约服务礼仪规范进行模拟练习。

知识链接

一、迎送礼仪

迎来送往是常见的国际交往礼节，酒店往往会承担相应的接待任务。即使在酒店的日常接待过程中，也经常会遇到迎接客人和送别客人的事情。迎送工作做得如何，直接关系到酒店在客人心目中的形象和声誉。

（一）酒店迎送原则

1. 确定迎送规格

迎送规格，主要依据来访者的身份和访问目的来确定，可适当考虑相互的关系，同时要注意国际惯例，综合平衡。迎送规格要因客人的身份、国籍、单位而异，最高级的迎送规格是迎接外国元首、政府首脑。然而，对应邀前来的访问者，无论是官方人士、专业代表团或民间团体、知名人士，在他们抵离时均应安排相应身份人员前往机场、车站、码头迎送。

2. 主要迎送人员应与来宾身份相当

如果由于各种原因，迎送人员的身份不能与宾客完全相符，可灵活变通，由职位相当的人士或由副职出面。但是，迎送人员的身份不应与宾客的身份相差太远。

3. 其他迎送人员不宜太多

为了避免造成厚此薄彼的印象，非有特殊需要，一般都按常规办理，不要讲排场显阔气。

客人到店时。首先，接待服务人员要笑脸相迎，按照先主宾后随员、先女宾后男宾的顺序进行欢迎问候。其次，安排客人入住，及时将房卡发给客人，为客人打开电梯门，用手势请客人进入电梯，对行动不方便的客人应主动携扶进电梯，给予宾客细心、周到、热情的服务。当重要客人或团队到达时，要组织服务人员到门口列队欢迎，列队的服务人员要求服装整齐，精神饱满。客人到达时，要鼓掌，必要时总经理和有关领导要出面迎接。在宾客没有全部进酒店或车辆未全部开走前不得解散队伍。客人入住后，先稍作休息，不宜马上安排活动。如果是团体客人，一般按照事先的安排给客人提供服务，如果客人有特殊的需要，酒店服务人员应该在请示领导的基础上，尽量满足客人的需要，切不可生硬地拒绝客人的要求。

（二）酒店送客礼仪

在宾客离店的时候，要根据迎接时的规格安排送别。一般来说，送别规格应与接待规格大体相当，唯主宾先后顺序正好与迎宾相反。迎宾是主人在前，客人在后；送客是客人在前，主人在后。

酒店在送宾客时，应注意下列事项：

（1）准备好账单，切不可在客人离开后，再赶上前去求客人补“漏账”。

（2）服务人员要做好行李运送服务，将宾客的行李或者稍重的物品送到门口，如果宾客提出要求，还可以帮助送到车上。

（3）服务人员要为宾客安排好车辆，并给客人拉开车门，按先主宾后随员、先女宾后男宾的顺序请宾客上车或主随客便自行上车。

（4）送走客人时应向客人道别，祝福他们旅途愉快，目送客人离去，方可回归，以示尊重。

（5）对于重要的客人，还应该陪车送到机场、车站、码头。

（6）酒店服务员在送宾客离开时，应该准确掌握客人的离开时间，在客人登机、登车、登船之前抵达，提前代办各种手续。在国际活动中要特别注意遵守时间。

（7）对于重要的客人，应安排送别仪式。

二、会面与会谈礼仪

在国际交往中，会见与会谈是一种十分重要的交往方式，因为它有礼仪性，又有实用性，有广泛的适用范围，在不同的层次和不同方面的人员中进行。

（一）会见礼仪

1. 会见与会谈的区别

	会见	会谈
定义	国际上一般称“接见”或“拜会”	主要是指国家领导人之间的见面
场合	一般适用于私人场合	一般用于正式外交场合
特点	一方为主，一方为客	双方或多方平等
性质	礼节性的	较为正式、级别高，政治性或专业性较强

2. 会见的种类与安排

会见分两种。凡身份高的人士会见身份低的，或是主人会见客人，称为“接见”或“召见”；凡身份低的人士会见身份高的，或是客人见主人，称为“拜见”或“拜会”。接见和拜会后的回访称“回拜”。

从会见的内容上区别，可分为礼节性的、政治性的、事务性的会见，或兼而有之。

会见通常安排在会客室、会客厅或办公室。各国的会见礼仪程序不尽相同。我国习惯在会客厅会见客人。

会见座位的安排：来宾坐在主人的右边一侧，主宾席紧靠主人席，翻译员、记录员安排坐在主人与主宾的后面。主方陪见人在主人左边一侧按身份高低依次就座。如果座位不够，可在后排加座。

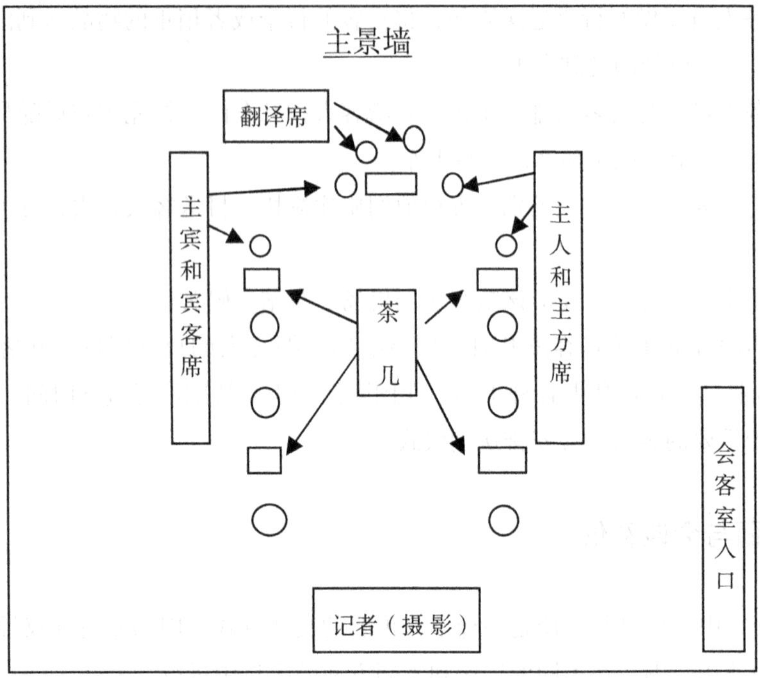

3．会见的服务规程

当宾客到达时，服务员要利用主人到门口迎接的间隙，迅速整理好茶几上的物品和沙发上的垫子。然后用茶杯上茶，杯把一律朝向客人的右手边一侧。当宾主入座后，开始进行递送毛巾的操作。如果是一名服务员递毛巾，要先从外宾处开始，然后再递给主人，若两名服务员操作，则一名服务员递送毛巾，另一名服务员收回宾客用完的毛巾。接着上饮品，其程序与上毛巾相同。上饮品时，托盘中的饮品品种要齐全，请宾客自选。在会见期间，每 30 分钟左右续水一次，会见厅内的光线和温度应根据实际情况和主要宾客的要求而定。当会见结束时，服务员应及时打开会见厅大门，并对活动现场进行检查，在主人送走客人返回时，应及时给主要领导送上热毛巾。

（二）会谈礼仪

会谈是双方或多方就某些重大的政治、经济、文化、军事及其他共同关心的问题交换意见。会谈也可以指公务洽谈和业务谈判。

1．会谈的程序

（1）主人在会客厅门口迎接客人（如果主人在会客厅门口迎候，则应由工作人员在大楼门口迎接，引入会客厅）。

（2）会面介绍，宾主握手。介绍时，应先向客人介绍主人，随后向主人介绍客人。如客人是贵宾或大家都熟悉的知名人物，就只向客人介绍主人。介绍主人时要把姓名、职务说清楚。介绍到具体某人时，应礼貌地以手示意。

（3）合影留念。

（4）入座、会谈。

（5）记者采访。

（6）会谈结束，主人送客人到车前或门口握手告别，目送客人离开后再退回室内。

2. 会谈座位安排的礼仪规范

会谈可分为双边会谈和多边会谈两种，小范围会谈可以不用长桌，只设沙发。双边会谈通常用长方形或椭圆形桌子，宾主相对而坐，主人坐背门一侧，客人面向正门一侧，主谈人居中，译员座位安排应尊重主人意见，可以安排在主人右侧，也可以安排在主人后面。其他人可按礼宾次序左右排列。记录员安排在后面。如果会议长桌一端对向正门，则以入门方向为准。右为客方，左为主方，多边会谈，座位可摆成圆形、方形等，如下图所示：

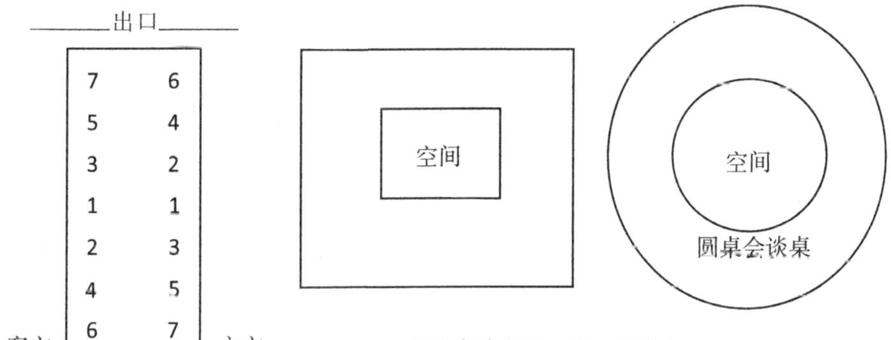

多边会谈桌形（方、圆桌）

宾主相对式座次安排

3. 会谈的服务礼仪规范操作

客人到达前，要在每个座位前桌面的正中位摆放一本供记事的便笺，便笺的下端距桌面的边缘约 5 厘米。紧靠便笺的右侧摆红、黑铅笔各一支，便笺的右上角摆一个茶杯垫盘，盘内垫小方巾。当主人到达活动现场时，服务人员要将主人迎至厅内安排就座，同时用茶杯上茶；主人到门口迎接宾客时，服务员把茶杯端上，放在每人的茶杯垫盘上；宾主来到会谈桌前，服务员要上前拉开椅子，当客人站在椅子前面时，推椅子到客人腿弯处，让客人坐下；当记者采访和摄影完毕，服务员应从两边为宾主双方递上毛巾；等宾主用完后，应立刻收回。在会谈期间如果上牛奶、咖啡、干果等，应先把牙签、毛巾、奶罐、咖啡杯垫等上桌，会谈时间长的，可视宾客的具体情况及时续水、换铅笔等，如果会谈中有中间休息，服务人员要及时整理座椅、桌面用品等，在整理过程中注意不要乱翻桌面上的文件。当会谈结束时，要主动上前为客人拉椅，引导宾客退席。

三、签字仪式

签字仪式通常是指订立合同、协议的各方在合同、协议正式签署时所举行的仪式。

1. 签字仪式的种类

（1）从礼仪的角度考虑，在涉外交往中，有关国家的政府、组织或企业单位之间经过谈判，就政治、经济、文化、科技等领域内的某些重大问题达成协议时，一般需举行签字仪式。

（2）当一国领导人访问他国，经双方商定达成共识，发表联合公报时，也要举行签字仪式。

（3）各地区、单位在涉外交往中，通过会谈、谈判，最终达成的有关合作项目的协议、备忘录、合同书等，通常也举行签字仪式。业务部门之间签订协议时，一般不举行签字仪式。

2. 签字仪式准备

签字仪式虽然时间不长，但由于它涉及各方面关系，同时往往是谈判成功的一个标志，因此筹办签字仪式一定要十分认真。

（1）人员确定。

出席签字仪式的人员，基本是参加谈判的全体人员。

（2）必要的准备工作

首先要准备签字文本，同时准备好签字的文具、国旗等物品。

（3）签字厅的布置

由于签字的种类不同，各国的风俗习惯不同，签字厅的布置也有所差异。我国一般在签字厅内设置长方桌一张，作为签字桌。桌面覆盖深绿色台布，桌后放两把椅子。以面对正门方向为准，主左客右。座前摆的是各自的文本，文本上端分别放置签字的文具。国际商务谈判协议的签字桌中间还需要摆一个旗架，悬挂签字国双方的国旗。

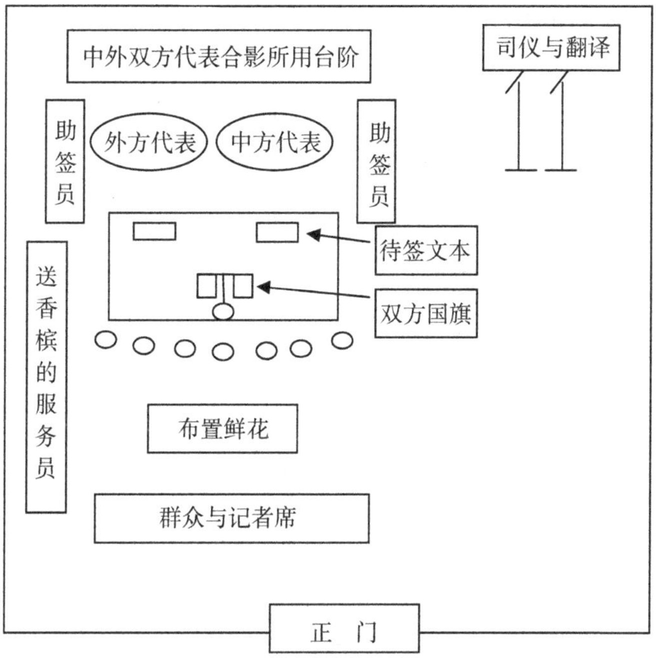

签字大厅布置图

如果有三四个国家缔结条约，其签字仪式与上述相仿，只需相应增添签字人员座位、国旗、文具用品即可，如签多边公约，通常只设一个座位，由公约保存国代表带头签字，然后由各国代表按一定次序轮流在公约文本上签字。

3. 双边会谈时悬挂国旗的方法

悬挂双方国旗时，按照国际惯例，以旗面本身为准，右为上，左为下。以挂旗人为准，面对国旗左为上，右为下。此外，汽车头需要挂国旗时，以汽车的行进方向为准，右为上，左为下。

几种挂国旗法：

A. 两面国旗并挂（如下图所示）

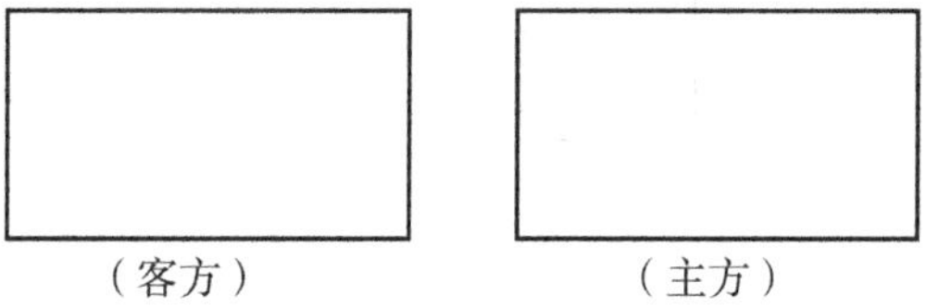

B. 并列升挂（如下图所示）

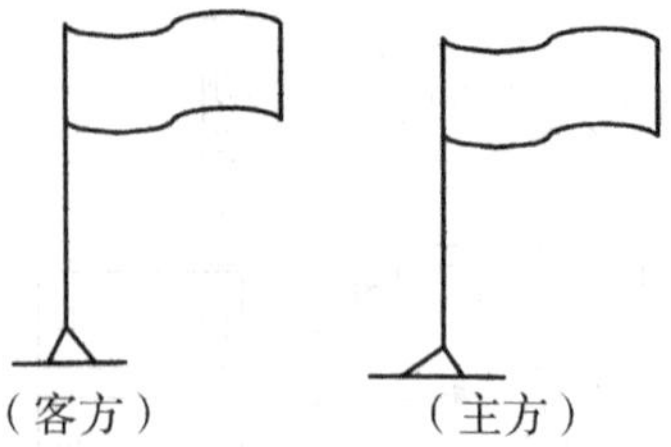

C. 并列悬挂（如下图所示）

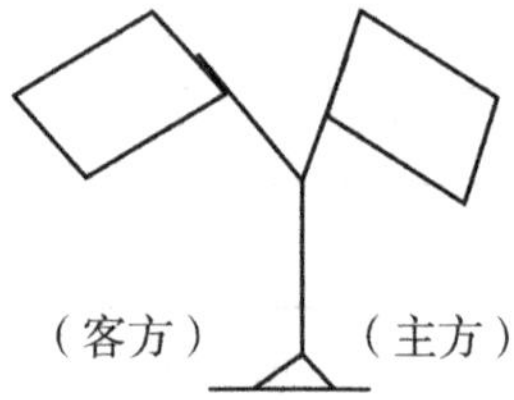

D. 交叉挂（如下图所示）

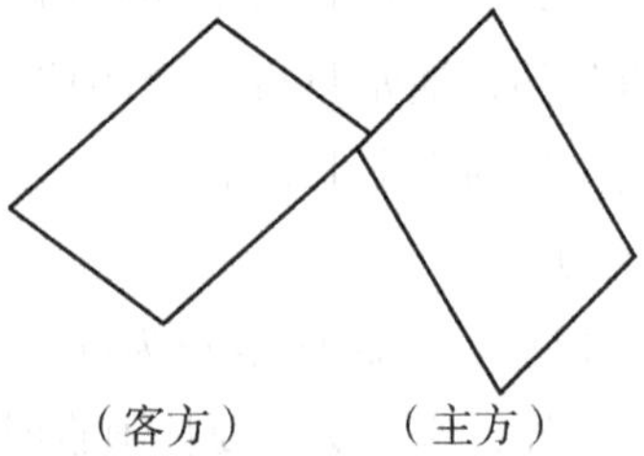

E. 竖挂（如下图所示）

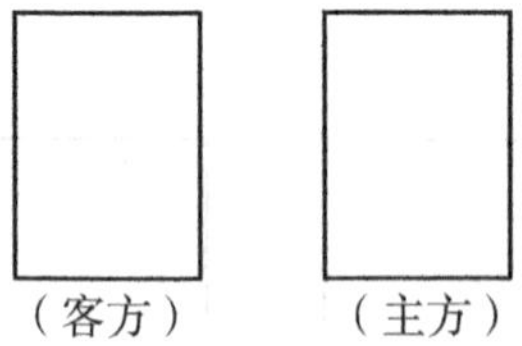

4. 签字仪式的服务规程

宾主双方到达签字大厅时，服务员要主动上前为签字人员拉椅让座。双方代表分别站在签字代表的身后。开始签字时，服务员应站在签字桌两端等候，准备签字后撤椅子；另一部分服务员要迅速将香槟酒开启，倒入香槟酒杯内（六七分满），端入签字大厅，分别站在签字台两侧适当位置，准备上酒。

涉外签字一般有两种文本，当签字人员在一种文本上签完后，由双方助签人员交换文本，当交换的文本签完后，双方签字代表站起来正式交换文本，在签字人员相互握手时，由两名服务员上前迅速将签字椅撤除。随后，端托香槟酒的服务人员立即跟上，分别将酒端至双方签字人员面前，请其端取。接着从桌后站立者的中间开始，向两边依次端取。宾主举杯祝贺干杯后，服务员要迅速上前用托盘接收酒杯，引导签字代表退席。

任务准备

一、团队组建

（1）自由组合成一个学习团队。

（2）以小组为单位，每组按抽签的序号围成半圆，中间的场地空出来，便于进行情景的模拟或活动等。

二、教师下发任务书

任务书

1. 任务目标

（1）以小组为单位，进行会谈服务礼仪操作的练习。

（2）以小组为单位，进行签字仪式场地布置操作的练习。

（3）以小组为单位，进行签字仪式服务礼仪操作的练习。

2. 任务要求

（1）在教师指导和辅助下，完成情景模拟的编写。

（2）明确情景内各人物的分工，并能按程序做好。

（3）全体组员必须参与。

（4）情景模拟的表演在10分钟内完成。

任务实施

一、制定实施方案

____

____

____

二、确定人员分工

组名		组号	
模拟情景名称			
组长姓名		负责工作	
组员姓名	联系电话	负责工作	
情景对话设计			

三、方案实施

（1）根据自编的情景剧及人员的分工进行会见与会谈服务礼仪情景排练与表演。

（2）根据自编的情景剧及人员的分工进行签字仪式服务礼仪情景排练与表演。

评价反馈

会谈服务礼仪评价表

内容			评价	
学习目标		评价项目	小组评价	教师评价
知识	应知应会	服务人员的着装知识		
		会谈座位安排的基本知识		
		会谈服务礼仪知识		

（续上表）

内容				评价	
学习目标		评价项目		小组评价	教师评价
能力	专业能力	掌握着装规范	整洁、挺括，穿着得体、大方		
		安排会谈座位	宾主相对，客人面向门口，主谈人居中		
		运用会谈服务礼仪	拉椅让座，上茶续水，服务周到		
	通用能力	解决问题的能力			
		语言表达能力			
		沟通协作能力			
		主动服务能力			
态度	亲切友好，热情问候，周到、耐心、细致地服务				
教师、同学建议：				评价汇总： A. 优秀 B. 良好 C. 基本掌握	
努力方向：					

签字仪式服务礼仪评价表

内容				评价	
学习目标		评价项目		小组评价	教师评价
知识	应知应会	服务人员的着装知识			
		会谈座位安排的基本知识			
		会谈服务礼仪知识			
能力	专业能力	掌握正确站姿	站姿优美、挺拔		
		签字仪式场地布置	布局合理、整齐		
	通用能力	解决问题的能力			
		语言表达能力			
		沟通协作能力			
		主动服务能力			

（续上表）

内容			评价	
学习目标		评价项目	小组评价	教师评价
态度	亲切友好，热情问候，周到、耐心、细致地服务			
教师、同学建议：			评价汇总： A. 优秀 B. 良好 C. 基本掌握	
努力方向：				

思考与练习

1. 会见与会谈服务礼仪规范有哪些？
2. 签字仪式的座位如何安排？
3. 签字仪式的服务程序是怎样的？

附录一　部分国家、地区礼仪介绍

一、日本

1. 宗教信仰

日本人大多信奉神教与佛教，少数人信奉基督教和天主教。

2. 礼仪礼节

日本人的饮食习惯别具一格，日常饮食主要有三种料理：第一种是传统的日本料理，又称“和食”；第二种是从中国传过去的“中华料理”，即中餐；第三种就是从欧洲传过去的“洋料理”即西餐。日本人吃菜喜清淡、忌油腻，爱吃鲜中带甜的菜，还爱吃牛肉、鸡蛋、清水大蟹、海味、精猪肉和豆腐等，但不爱吃肥猪肉和猪内脏。

日本有世界知名的茶道和花道。茶道是富有特色的饮食艺术，也是一种茶会交际礼仪。它不仅需要有优雅自然的环境，还规定了一套煮茶、泡茶、品茶的程序，茶具的选择与欣赏，茶室书画的布置与装饰以及茶室的建设等都很讲究。日本人把茶道作为修身养性、提高文化素质和进行社交的方式。

日本人在待人接物及日常生活中，十分讲究礼貌，注重礼节。在待人接物中谦恭有礼，说话中常用自谦语贬己抬人。受礼时常说不能接受礼品，送礼时常说自己送的礼品不好，向别人介绍自己的妻子儿女时，也常常说不着边际的缺点，特别是妇女在与人交谈时总是语气柔和，面带微笑，躬身相待。日本人善用礼貌用语，常用的敬语有“拜托您了”、“请多多关照”、“打扰了”等。

日本人喜欢的颜色有红、白、蓝、橙、黄等，红色被当作吉庆幸运的颜色。喜欢的植物有梅、竹、松等，还喜欢鹤与龟等动物。

二、韩国

1. 宗教信仰

韩国人多信奉佛教，佛教徒约占全国人口的三分之一。

2. 礼仪礼节

韩国是一个礼仪之邦，对礼仪礼节很注重，晚辈对长辈、下级对上级，规矩严格，须表示特别的尊重。与长辈握手时，还要以左手轻置于其右手之上，鞠躬相握，以示恭敬；与长辈同坐，要保持姿势端正，挺胸，绝不能懒散；若想抽烟，须征得在场长辈的同意；用餐时不可先于长辈动筷等。男子见面，可打招呼，相互行鞠躬礼并握手，但女性与人见面时，通常不与他人握手，只行鞠躬礼。

韩国人一般不轻易流露自己的感情，在公共场所不会大声说笑，妇女笑时会用手帕捂住嘴，防止出声失礼。在韩国，妇女对男子十分尊重，双方见面时，总是女性先向男子行鞠躬礼，致意问候；男女同坐时，一般男子位于上座，女子位于下座。当众多人相聚时，往往也是根据身份高低和年龄大小依次排定座位，地位高、年长者优先在前。

韩国人自尊心很强，倡导使用国货。在赠送礼品时，最好选择鲜花；他们忌讳数字“4”和“13”，因为发音与“死”相同，同时他们对发音相似的“私”、“事”等也不喜欢，这些最好都不要使用。早餐不吃稀饭，也不喜欢吃带甜酸味的热炒菜肴。

三、新加坡

1．宗教信仰

新加坡华裔多数信奉佛教。新加坡的华裔佛教徒有在室内诵经的习惯，诵经时外人不可打扰。而印度血统的新加坡人则多数信仰印度教。马来血统、巴基斯坦血统的新加坡人多数信奉伊斯兰教。还有一小部分人信奉天主教和基督教。

2．礼仪礼节

◆待人接物总是彬彬有礼，笑脸迎人。

◆对吉祥的字、图画等都有特殊的感情。对“喜”、“福”等字都有所偏爱，认为这些字都预兆着吉利。

◆酷爱花草，兰花是他们偏爱的花种。他们特别喜欢在装饰华丽、花草繁多的环境宴请、攀谈或休息。

◆偏爱红色，认为红色艳丽夺目，对人有激励作用，他们还把红色看成是庄严、热烈、刺激、兴奋、勇敢和宽宏的象征。

◆在社交场合与客人相见时，一般都习惯行握手礼。在与东方人相见时，也有施鞠躬礼的习惯。

◆时间观念较强，有准时赴约的良好习惯。

◆与新加坡人交谈时，要回避宗教和政治方面的话题。切不要就所提供的食品说一些相关的幽默的玩笑话。

◆新加坡人不喜欢数字“4”和“7”（消极）。对“恭喜发财”之类的话较为反感，认为这有教唆他人发不义之财的意思。

◆新加坡人忌讳乌龟，认为这是种不祥的动物，另外，新加坡的印度人、马来人忌讳左手传递东西或食物，认为使用左手是一种不礼貌的举止。

四、我国台湾地区

1. 宗教信仰

台湾人信奉佛教与道教的信徒约占全省人口的34%；信奉天主教、基督教的约占3%；另外还有部分居民信奉伊斯兰教、天理教、轩辕教、大同教、理教等。

2. 礼仪礼节

◆注重文明、讲究礼貌。

◆以红色为吉祥物，喜欢“6”，有“六六大顺”之说，“6”与“禄”同音，是有钱财、福气的表示。

◆台湾同胞与客人见面时，一般行握手礼。台湾信奉佛教的人社交礼节为双手合十礼。

◆台湾同胞忌讳别人问他们的工资、年龄、家族地址。

◆忌讳赠送扇子、手巾、雨伞、甜果、粽子和剪刀。

五、我国港澳地区

1. 宗教信仰

信奉佛教、道教，也有一部分人信奉天主教与基督新教。

2. 礼仪礼节

在社交场合与客人见面时，一般行握手礼，亲朋好友相见时，也有拥抱礼或贴面礼式的亲吻礼。他们向客人表达谢意时往往用扣指礼。

港澳人忌讳别人打听自己的家庭住址、工资收入等，对“节日快乐”之类的话语很不愿意接受，因为“快乐”与“快落”同音，认为不吉利。另外，他们还忌讳“4”字，常用“两个双”或“两双”代替。

六、美国

1. 宗教信仰

美国人大多信奉新教与罗马天主教，其次为犹太教、东正教、伊斯兰教，只有少量信奉印度教与佛教。

2. 礼仪礼节

美国人性格浪漫、为人诚挚。他们在与不相识的人交际时，惯于实事求是、坦率直言。对那些谦虚的表白看不惯。过分的客套对他们来说是一种无能的表现；过分的谦虚可能会被他们误认为你心怀鬼胎。在公共场合就座、走路时，他们一般都让长者和妇女在右边，为了表示友好，使客人感到不拘束，他们一般乐于在自己家里宴请客人，他们健谈，喜欢边谈边用手势。彼此间保持50厘米左右的距离。他们行走喜欢自由自在，不受约束。惯于晚睡晚起，有拖拉的习惯。请美国人用餐，他们一般是准时或迟到5~15分钟。

美国人青睐白色、黄色、蓝色，忌黑色。美国人喜欢白头鹰，认为它威武强悍，把它敬为国鸟，并以它作为国徽的图案。

美国人一日三餐随便又简单。早餐，往往是果汁、鸡蛋、牛奶和面包，鸡蛋用热水冲熟或用电灶煮热吃，牛奶从冰箱直接取用。午餐，多用半小时在工作场所匆匆食用。进餐时，人们从自带的小纸袋里取出几片三明治，一根香蕉，再冲上一杯咖啡，便是一顿午餐。晚餐，常常是一两个菜，另有一些点心、水果之类。有时，尽管晚餐菜单上有许多名目，但那仅仅是一些佐料。人们最爱吃的是牛排或猪排。

为了更方便款待客人，特别是招待两名以上的客人时，美国人往往在家中设“自助餐”以显示主客之间的亲近和随便。进餐时，主人在一张桌子上把各种食品摆列好，众宾朋各持一个盘子到桌前自取爱吃的食品，然后到另一房间里坐下边吃边谈。自助餐家宴，多为非正式的宴请，它不设餐桌，座次自便，这就更有助于主客之间及诸客之间的随意交谈和自由接触。

美国人与客人见面时，一般以握手为礼。握手时，他们习惯握得紧，正视对方，微躬身。异性握手，要待女性先伸手后，男性再伸手相握并适当用力；同性握手，通常年长者先伸手给年轻人，地位高的伸手给地位低的，主人伸手给客人。亲吻礼是在彼此关系很熟的情况下施的一种礼节。

美国人忌讳“13”、“星期五”、“3”，认为这些数字和日期都是厄运和灾难的象征；还忌讳有人在自己面前挖耳朵、抠鼻孔、打喷嚏、伸懒腰、咳嗽等，认为这些都是不文明的、缺乏礼教的行为。若实在不能控制喷嚏、咳嗽，应避开客人，用手帕掩嘴，尽量少发出响声，并及时向在场者表示歉意。他们忌讳有人冲他们伸舌头，认为这是污辱人的动作。他们反感握手时目视他方，认为这是傲慢和不礼貌的表示。他们忌向妇女赠送香水等化妆品及衣物。美国妇女因有化妆的习惯，所以他们不欢迎服务人员送香巾擦脸。他们不喜欢人们在自己的餐碟里剩食物，认为这是不礼貌的。

美国人还有三大忌：一是忌问年龄；二是忌问他人所购买物品的价钱；三是忌在见面时对人说：“你长胖了!”因为年龄和所购买的物品的价钱都属于个人的私事，他们不喜欢别人过问和干涉。至于“你长胖了”这句中国人习惯的“赞赏话”，在美国人看来是贬义的，因为在美国有“瘦富胖穷”的概念，一般富人有钱游山玩水，身体练得结实，普遍偏瘦；穷人无暇锻炼，体形多偏胖。

七、英国

1. 宗教信仰

英国的主要宗教是新教和罗马天主教，圣公会为英国国教会，教徒占全国人口的近半数。称呼他们“英国人”是不愿意被接受的，因为“英国人”原意是“英格兰人”，而他可能是英格兰人、威尔士人或北爱尔兰人，“不列颠”这个称呼则会令所有人都满意。

2. 礼仪礼节

英国人在社交场合特别注重礼仪形式，引见客人一般要向地位高的人引见地位低的人；向老人引见年轻人；向妇女引见男子；向已婚妇女引见未婚的青年女子。他们特别尊重妇女。一般情况下，走路让妇女先行。他们很喜欢别人称呼他们姓名时加上荣誉头衔。

英国人誉蔷薇为国花和“花中皇后”，加之蔷薇有较高的经济价值，人们常以其作为贵重的礼品。蔷薇在英国人心目中，已成为和平与友爱的象征。他们十分喜爱红胸鸲，尤其崇拜雄性红胸鸲。由于胸鸲对自己所建立的疆界有巡察及保卫的本能，因此被称为“上帝之鸟”，并被定为国鸟。他们喜欢谈论有关动物的话题，平时非常喜欢猫、狗等小动物，把狗视为“神圣动物”、“忠诚伴侣”。

他们一般都很准时赴约。他们普遍喜爱饮茶，尤其妇女嗜茶成癖。“下午茶”几乎成为英国人的一种生活习惯。

英国人与客人初次见面时的礼节是握手礼，女子可能施屈膝礼。戴帽子的男子遇见朋友，有微微地把帽子揭起“点首为礼”的习惯。

英国人忌讳四人交叉式握手，据说这样会招来不幸。这可能是四个人的手臂正好形成一个十字架的缘故。他们很忌讳“13”和“星期五”，一般视其为“厄运”和“凶兆”；还忌讳数字“3”，尤其在点烟的时候，不论用火柴还是打火机，只能点到第二个人，然后要把火熄灭，再给第三个人点烟。他们认为一次为三个人点烟是不吉利的。他们忌讳别人过问其活动去向、政治倾向，认为这是个人的秘密，不需要别人干涉和了解。

英国人同别人谈话时，不喜欢距离过近，一般以保持 50 厘米以上为宜。他们忌讳有人用手捂嘴看着他们笑，认为这是嘲笑人的举止。他们特别不喜欢大象及其图案，认为大象笨拙，令人生厌；他们忌讳黑猫，尤其是黑猫若从面前穿过，更会使人恶心，认为这将预示这个人要遭遇不幸。他们对墨绿色很讨厌，认为墨绿色会给人带来懊丧。他们忌讳把食盐碰撒，哪怕你是不小心的，也会使人非常懊丧，认为这是引发口角或与朋友断交的一种预兆。他们忌讳有人打碎玻璃，认为打碎玻璃就预示着家中要死人或起码要有 7 年的不幸。他们忌讳在餐桌上使水杯作响，或无意碰响水杯而又不去终止它，认为这样既有失观瞻，又会给人招来不测。英国人忌讳百合花，把百合花看作是死亡的象征，他们忌讳在众人面前相互耳语，认为这是一种失礼的行为。

八、德国

1．宗教信仰

德国人主要信奉基督教和罗马天主教，另外少数人信奉东正教和犹太教。

2．礼仪礼节

德国人比较注重礼节形式。在一般社交场合，他们很喜欢对方在打招呼时称呼其头衔。与朋友相见或告别时，总习惯互相握了又握。他们待人诚恳坦直，如果你在街上向其问路，他们会很热情地解答，有的甚至还会不辞劳苦地送你到要去的地方。宴会用餐席位原则上是：以右为上，一般妇女和职位较高的男人在右侧，当女士离开饭桌或回来时，男人一定要站起来，以示礼貌。他们很讲究会客或宴请的地点，注重设备的豪华和现代化程度，乐于在幽雅、卫生的厅堂内用餐，他们不注重服装的花哨时髦，但很注重衣冠的整洁，即便是观看文艺演出，男士也要穿礼服，女士穿长裙。他们最爱蓝色的矢车菊，视它为国花，用以启示人们要小心谨慎，虚心学习。德国人喜欢黑色、灰色。

德国人在社交场合与人见面时，一般行握手礼，握手时坦然注视对方，以示友好；与熟人、亲友相见时，一般行拥抱礼；情侣与夫妻之间施拥抱礼和亲吻礼。

被邀请到德国人家里做客是一种殊荣。男客应带鲜花，在门厅里打开包装，见到女主人就献上花，但切忌送“13”以及偶数的花。在接受款待之后的几天内应送出表示感谢的短柬。

言谈不要涉及棒球、篮球或美式足球，可以谈德国的乡村生活、业余爱好以及英式足球之类的体育运动。尽管德国现在已是一个统一的国家，但战后划分为西德与东德所遗留下来的敏感问题依然存在，所以，交谈中应避免主动提及。

他们忌讳“13”和“星期五”，认为“13”与“星期五”在同一日，就更不吉利，恐怕要大难临头了。他们认为核桃是不吉祥之物；忌讳四人交叉握手，认为不礼貌；忌讳蔷薇、菊花，认为这些花是悼念死者所用的，因此不能随意作为礼品送人；他们不喜欢客人随便赠送玫瑰，因玫瑰花在德国有浪漫的含义；忌讳他人过问自己的年龄、工资、信仰、婚姻状况等问题，认为这是个人的私事，无须他人过问干涉。

德国人不喜欢听恭维的话，认为过分的恭维实际上是看不起人，甚至是对人的污辱；忌讳在公共场合窃窃私语（夫妻和恋人之间除外），因为这容易引起他人的疑心；甚至忌讳目光盯视他人，认为这有不轨之嫌；他们对红色以及掺杂红色或红黑相间的颜色都不感兴趣；不喜欢过于肥腻的菜肴，不爱吃辣，不太爱吃鱼虾。

九、法国

1. 宗教信仰

法国大多数人信奉天主教，少数人信奉基督教与伊斯兰教。

2. 礼仪礼节

法国人初次见面，一般都不需要送礼；第二次见面时，则必须送礼物，否则就会被人认为失礼。礼品的选择注意体现对主人的衷心赞美和诚挚，但不能过于亲密。法国人不赠送或接受有明显广告标记的礼品，而喜欢有文化价值和艺术水准的礼物。

◆法国人谈问题不喜欢拐弯抹角，但也不会急于下定论，下结论后都明确告知对方。

◆约会很守时，迟到是对人不礼貌的表现。

◆待人接物彬彬有礼，礼貌语言不离口，稍有不当或不小心碰到别人，都会主动向对方说声“对不起”。

◆公众场合大声喧哗、对人指手画脚、抠鼻孔、剔牙等都是不礼貌的表现。

◆行亲吻礼时，规矩严格、讲究，朋友、亲戚、同事之间只能贴脸或颊，长辈对小辈是亲额头，只有夫妻或情侣才真正接吻。

◆黄色和红色是不吉利的颜色，黄色花象征着不忠诚；忌黑桃图案，被视为不吉利。

◆忌送香水，在法国，送香水给女人意味着求爱。

◆不能送菊花、杜鹃花。不可以送核桃，他们认为这是不祥之物。

◆初次见面忌问对方年龄，尤其是女子。

◆法国人忌“13”，所以不能请人坐 13 号座位、住 13 号房间等。

十、俄罗斯

1. 宗教信仰

俄罗斯人主要信仰东正教，它是俄罗斯的国教。

2. 礼仪礼节

俄罗斯人性格豪放、开朗，喜欢谈笑，组织纪律性强，习惯统一行动；与人相见，开口先问好，再握手致意，朋友间行拥抱礼并亲面颊。与人相约，讲究准时。尊重女性，在公共社交场合，男性还会帮女性拉门、脱大衣，在餐桌上为女性分菜等。称呼俄罗斯人要称其名和父名，不能只称其姓。

俄罗斯人重视文化教育，喜欢艺术品与欣赏艺术。但当代年轻的俄罗斯人也有不少开始崇拜西方文化，酷爱摇滚乐、牛仔裤等舶来品。他们习惯洗澡前先用柳树枝抽打身子，然后再用冷水浇身。

与俄罗斯人交往不能说他们小气，初次结识时忌问对方私事，不能在他们背后讨论第三者，对妇女忌问年龄。另外，他们还忌讳“13”，不喜欢星期五、黑色，视“7”为吉利数字，送花不能送菊花、杜鹃花、石竹花和黄色的花。

十一、加拿大

1. 宗教信仰

加拿大主要信奉天主教、基督教。

2. 礼仪礼节

加拿大人讲究实事求是，与他们交往不必过于自谦，否则会被误认为虚伪和无能。他们与朋友见面时通常行握手礼，讲究礼貌语言，注重必要的礼节。送人鲜花不能送白色的百合花，他们认为只有在葬礼上才用这种花。另外，他们也不喜欢黑色与紫色。

附录二 花语

花语是各国、各民族根据各种植物，尤其是花卉的特点、习性和传说典故，赋予的各种不同的人性化象征意义；是指人们用花来表达人的语言，表达人的某种感情与愿望，在一定的历史条件下逐渐约定俗成的，为一定范围人群所公认的信息交流形式。赏花要懂花语，花语构成花卉文化的核心，在花卉交流中，花语虽无声，但其中的含义和情感的表达甚于语言。

风信子——创造力
白玫瑰——我足以与你相配
樱花——生命/等你回来
红蔷薇——热恋
仙人掌——坚硬坚强
蔷薇——爱的思念
昙花—— 刹那的美丽，一瞬间永恒
迷迭香——回忆不想忘记的过去，纪念
非洲菊——永远快乐
火百合——热烈的爱
樱花——生命、幸福、热烈、纯洁、欢乐
橄榄——和平
鸡冠花——爱情
鸢尾花——光明自由
丁香——坚贞不渝
桔梗花——真诚不变的爱
薰衣草——等待爱情
向日葵——沉默的爱
水仙花——只爱自己
栀子花——永恒的爱/一生的守候
蒲公英——无法停留的爱
百合——纯洁/神圣
龙舌兰——为爱付出一切
木棉花——珍惜眼前的幸福
三色堇——快乐的思念
梅花——高风亮节、独立创新
红茶花——天生丽质
荷花——纯真、高洁
豆蔻——别离
桂花——光荣

附录三　赠花礼仪

一、节日送花

（1）情人节：玫瑰花。

（2）母亲节：通常送大朵粉色的香石竹。粉色是女性的颜色。香石竹的层层花瓣代表着母亲对子女绵绵不断的感情。也可以送康乃馨，其中，红色的康乃馨代表祝愿母亲健康长寿；白色康乃馨代表对母亲的感激之情；粉色康乃馨代表祈祝母亲永远年轻。

（3）父亲节：通常送黄色的玫瑰花。有的国家把黄色视为男性的颜色。在日本，父亲节必须送白色的玫瑰花，枝数和造型不限。

（4）圣诞节：通常以一品红作为圣诞花，花色有红、粉、白色，状似星星，好像下凡的天使，含有祝福之意。

二、送花场合

（1）祝贺开业：通常选用红月季、牡丹、一品红等，表示开业大吉，生意兴隆。

（2）祝贺新婚：通常送花色艳丽、花香浓郁的鲜花，如百合、玫瑰、牡丹、月季花等，表示富贵吉祥、幸福美满。

（3）祝长辈华诞：通常选用长寿花、大丽花、迎春花、兰草等，寓意“福如东海，寿比南山”。

（4）祝同辈生日：通常选用石榴花、象牙花、红月季花等，含有青春永驻、前程似锦的祝愿。

（5）看望父母：通常选用剑兰、康乃馨、百合花、菊花、满天星插成花篮或花束，祝父母百年好合，幸福美满。

（6）探望病人：通常选用素净淡雅的马蹄莲、素色苍兰、剑兰、康乃馨，表示问候，并祝愿早日康复。

（7）送别亲友：通常选用一束芍药花，表示依依惜别之情。

（8）迎接亲友：通常选用紫藤、月季、马蹄莲组成的花束表示热情好客。

参考文献

[1] 王斯静. 社交礼仪 [M]. 北京：中国轻工业出版社，2012.

[2] 劳动和社会保障部教材办公室 . 饭店服务礼仪 [M]. 2 版 . 北京：中国劳动社会保障出版社，2007.

[3] 张素洁，代智弘. 饭店服务礼仪 [M] . 北京：中国铁道出版社，2009.

[4] 职业餐饮网 . http：//www. canyin168. com/.